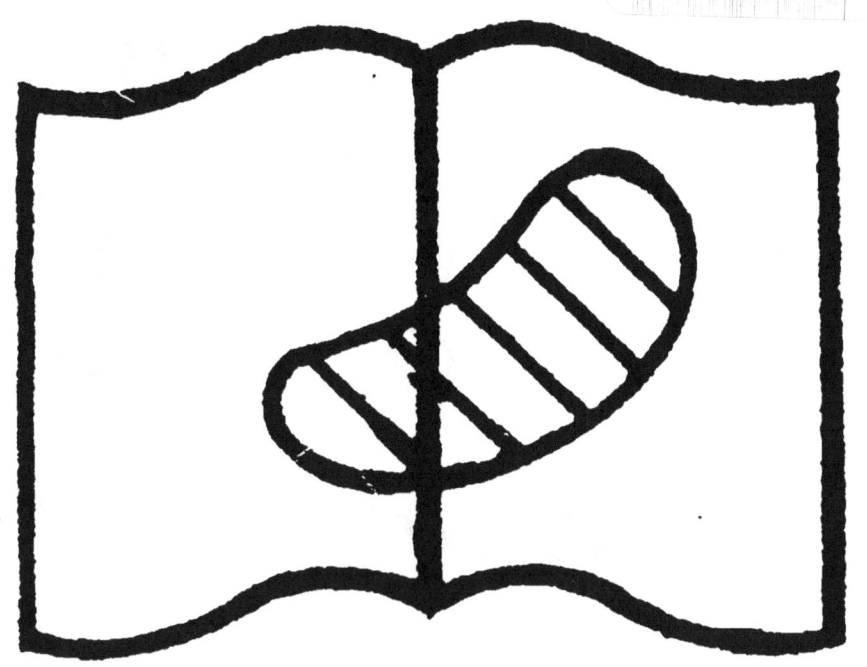

Illisibilité partielle

VALABLE POUR TOUT OU PARTIE DU DOCUMENT REPRODUIT

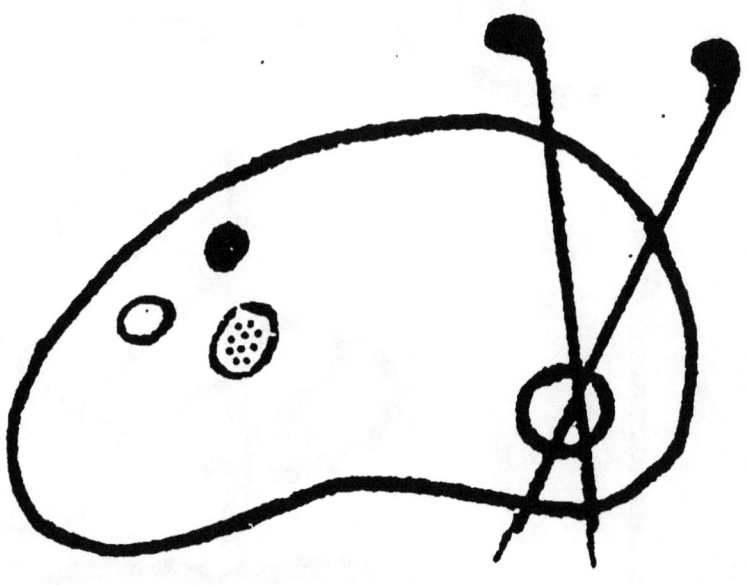

Couvertures supérieure et inférieure en couleur

BIBLIOTHÈQUE NOUVELLE

2 francs le volume

ALEXANDRE DUMAS

LA SAN FELICE

I

DEUXIÈME ÉDITION

PARIS

MICHEL LÉVY FRÈRES, LIBRAIRES ÉDITEURS

OUVRAGES PARUS
DANS LA BIBLIOTHÈQUE NOUVELLE
à 2 francs le volume

LA SAN FELICE
Par Alexandre Dumas.................. 6 vol.
LE LIVRE DES FEMMES
Par la Comtesse Dash. — Nouvelle édition... 1 vol.
CONFESSIONS DE NINON LENCLOS
Publiées par E. de Mirecourt. — Nouvelle édit. 1 vol.
SCÈNES ET MENSONGES PARISIENS
Par Aurélien Scholl. — 2ᵉ édition........ 1 vol.
MÉMOIRES D'UN BAISER
Par Jules Noriac. 2ᵉ édition........... 1 vol.
CONFESSIONS DE MARION DELORME
Publiées par E. de Mirecourt. — Nouv. édit. 3 vol.
LES FILLES D'ÈVE
Par Arsène Houssaye................. 1 vol.
LA ROSE BLANCHE
Par Auguste Maquet................. 1 vol.
LA TRAITE DES BLONDES
Par Amédée Achard.................. 1 vol.
LA GORGONE
Par G. de La Landelle................ 2 vol.
LUCY LA BLONDE
Par Georges Bell................... 1 vol.
LA PÉCHERESSE
Par Arsène Houssaye................. 1 vol.
LA CAMORRA. — MYSTÈRES DE NAPLES
Par Marc-Monnier................... 1 vol.
JEANNE DE FLERS
Par Lurine et Mie d'Achonne. — Nouvelle édit. 1 vol.
MARSEILLE ET LES MARSEILLAIS
Par Méry........................ 1 vol.
CONTES D'UNE NUIT D'HIVER
Par A. Michiels. — Nouvelle édition...... 1 vol.
LE BEAU D'ANGENNES
Par Auguste Maquet................. 1 vol.
LES DRAMES GALANTS
Par Alexandre Dumas................ 1 vol.
LE CAS DE M. GUÉRIN
Par Edmond About, 4ᵐᵉ édition......... 1 vol.

IMP. L. TOINON ET Cⁱᵉ, A SAINT-GERMAIN.

LA SAN-FELICE

CHEZ LES MÊMES ÉDITEURS

OUVRAGES
D'ALEXANDRE DUMAS

Format grand in-18, à 3 fr. le volume :

THÉATRE COMPLET, tomes I à XI.....................	11 vol.
LES GARIBALDIENS, révolutions de Sicile et de Naples...	1 —

Format grand in-18, à 2 fr. le volume :

L'ART ET LES ARTISTES CONTEMPORAINS au salon de 1859.	1 —
UNE AVENTURE D'AMOUR.................................	1 —
LES DRAMES GALANTS. — LA MARQUISE D'ESCOMAN......	2 —
DE PARIS A ASTRAKAN...................................	3 —

POISSY. — TYP. ET STÉR. DE A. BOURET.

LA
SAN-FELICE

PAR

ALEXANDRE DUMAS

TOME PREMIER

DEUXIÈME ÉDITION

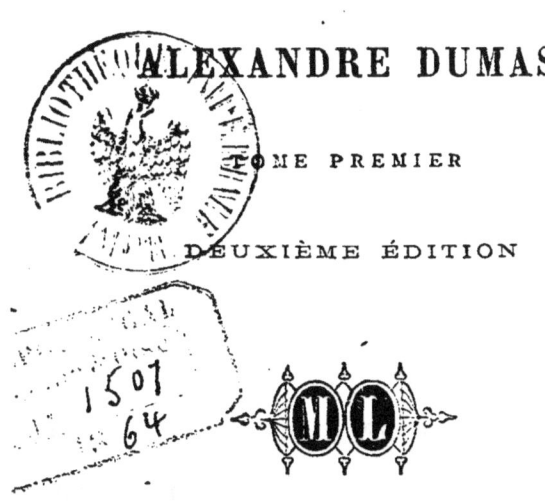

PARIS

MICHEL LÉVY FRÈRES, LIBRAIRES ÉDITEURS
RUE VIVIENNE, 2 BIS, ET BOULEVARD DES ITALIENS, 13
A LA LIBRAIRIE NOUVELLE

1865

Tous droits réservés

AVANT-PROPOS

Les événements que je vais raconter sont si étranges, les personnages que je vais mettre en scène sont si extraordinaires, que je crois devoir, avant de leur livrer le premier chapitre de mon livre, causer pendant quelques minutes de ces événements et de ces personnages avec mes futurs lecteurs.

Les événements appartiennent à cette période du Directoire comprise entre l'année 1798 et 1800. Les deux faits dominants sont la conquête du royaume de Naples par Championnet, et la restauration du roi Ferdinand par le cardinal Ruffo; — deux faits aussi incroyables l'un que l'autre, puisque Championnet, avec 10,000 républicains, bat une armée de 65,000 soldats, et s'empare, après trois jours de siége, d'une capitale de 500,000 habitants, et que Ruffo, parti de Messine avec cinq personnes, fait la boule de neige, traverse toute la péninsule, de Reggio au pont de la Madeleine, arrive à Naples avec 40,000 sanfédistes et rétablit sur le trône le roi déchu.

Il faut Naples, son peuple ignorant, mobile et superstitieux pour que de pareilles impossibilités deviennent des faits historiques.

Donc, voici le cadre :

L'invasion des Français, la proclamation de la république parthénopéenne, le développement des grandes individualités qui ont fait la gloire de Naples pendant les quatre mois que dura cette république, la réaction sanfédiste de Ruffo, le rétablissement de Ferdinand sur le trône et les massacres qui furent la suite de cette restauration.

Quant aux personnages, comme dans tous les livres de ce genre que nous avons écrits, ils se divisent en personnages historiques et en personnages d'imagination.

Une chose qui va paraître singulière à nos lecteurs, c'est que nous leur livrons, sans plaider aucunement leur cause, les personnages de notre imagination qui forment la partie romanesque de ce livre; ces lecteurs ont été pendant plus d'un quart de siècle assez indulgents à notre égard, pour que, reparaissant après sept ou huit ans de silence, nous ne croyions pas avoir besoin de faire appel à leur ancienne sympathie. Qu'ils soient pour nous ce qu'ils ont toujours été, et nous nous regarderons comme trop heureux.

Mais c'est de quelques-uns des personnages historiques, au contraire, qu'il nous paraît de première nécessité de les entretenir; sans quoi, nous pourrions courir ce risque qu'ils soient pris, sinon pour des créations de fantaisie, du moins pour des masques costumés à notre guise, tant ces personnages historiques, dans leur excentricité bouffonne ou dans leur bestiale férocité, sont en dehors non-seulement de ce qui se passe sous nos yeux, mais encore de ce que nous pouvons imaginer.

Ainsi, nous n'avons nul exemple d'une royauté qui nous donne pour spécimen *Ferdinand*, d'un peuple qui nous donne pour type *Mammone*. — Vous le voyez, je prends les deux extrémités de l'échelle sociale: le roi, *chef d'État;* le paysan, *chef de bande.*

Commençons par le roi, et, pour ne pas faire crier les consciences royalistes à l'impiété monarchique, interrogeons un homme qui a fait deux voyages à Naples, et qui a vu et étudié le roi Ferdinand à l'époque où les nécessités de notre plan nous forcent à le mettre en scène. Cet homme est Joseph Gorani, *citoyen français*, comme il s'intitule lui-même, auteur des *Mémoires secrets et critiques des cours et gouvernements et des mœurs des principaux États de l'Italie*.

Citons trois fragments de ce livre, et montrons le roi de Naples écolier, le roi de Naples chasseur, le roi de Naples pêcheur.

C'est Gorani, et non plus moi, qui va parler :

L'ÉDUCATION DU ROI DE NAPLES.

« Lorsqu'à la mort du roi Ferdinand VI d'Espagne, Charles III quitta le trône de Naples pour monter sur celui d'Espagne, il déclara incapable de régner l'aîné de ses fils, fit le second prince des Asturies, et laissa le troisième à Naples, où il fut reconnu roi, quoique encore en bas âge. L'aîné avait été rendu imbécile par les mauvais traitements de la reine, qui le battait toujours, comme les mauvaises mères de la lie du peuple; elle était princesse de Saxe, dure, avare, impérieuse et méchante. Charles, en partant pour l'Espagne, jugea qu'il fallait nommer un gouverneur au roi de Naples, encore enfant. La reine, qui avait la plus grande confiance dans le gouvernement, mit cette place, une des plus importantes, aux enchères publiques; le prince San-Nicandro fut le plus fort enchérisseur et l'emporta.

» San-Nicandro avait l'àme la plus impure qui ait jamais végété dans la boue de Naples ; ignorant, livré aux vices les plus honteux, n'ayant jamais rien lu de sa vie, que l'office de la Vierge, pour laquelle il avait une dévotion toute particulière, qui ne l'empêchait pas de se plonger dans la débauche la plus crapuleuse, tel est l'homme à qui l'on donna l'importante mission de former un roi. On devine aisément quelles furent les suites d'un choix pareil ; ne sachant rien lui-même, il ne pouvait rien enseigner à son élève ; mais ce n'était point assez pour tenir le monarque dans une éternelle enfance : il l'entoura d'individus de sa trempe et éloigna de lui tout homme de mérite qui aurait pu lui inspirer le désir de s'instruire ; jouissant d'une autorité sans bornes, il vendait les grâces, les emplois, les titres ; voulant rendre le roi incapable de veiller à la moindre partie de l'administration du royaume, il lui donna de bonne heure le goût de la chasse, sous prétexte de faire ainsi sa cour au père, qui avait toujours été passionné pour cet amusement. Comme si cette passion n'eût pas suffi pour l'éloigner des affaires, il associa encore à ce goût celui de la pêche, et ce sont encore ses divertissements favoris.

» Le roi de Naples est fort vif, et il l'était encore davantage étant enfant : il lui fallait des plaisirs pour absorber tous ses moments ; son gouverneur lui chercha de nouvelles récréations et voulut en même temps le corriger d'une trop grande douceur et d'une bonté qui faisaient le fond de son caractère. San-Nicandro savait qu'un des plus grands plaisirs du prince des Asturies, aujourd'hui roi d'Espagne, était d'écorcher des lapins ; il inspira à son élève le goût de les tuer ; le roi allait attendre les pauvres bêtes à un passage étroit par lequel on les obligeait de passer, et, armé d'une massue proportionnée à ses forces, il les assommait avec de grands éclats de rire. Pour varier ce divertissement, il prenait des chiens ou des chats et s'amusait à les berner jusqu'à ce qu'ils en crevassent ; enfin, pour rendre le plaisir plus vif, il désira voir berner des hommes, ce que son gouverneur trouva très-raisonnable : des paysans, des soldats, des ouvriers et même des seigneurs de la cour, servirent ainsi de jouet à cet enfant couronné ; mais un ordre de Charles III interrompit ce noble divertissement ; le roi n'eut plus la permission de berner que des animaux, à la réserve des chiens, que le roi d'Espagne prit sous sa protection catholique et royale.

» C'est ainsi que fut élevé Ferdinand IV, à qui l'on n'apprit pas même à lire et à écrire ; sa femme fut sa première maîtresse d'école. »

LE ROI DE NAPLES CHASSEUR.

« Une telle éducation devait produire un monstre, un Caligula. Les Napolitains s'y attendaient ; mais la bonté naturelle de ce jeune monarque triompha de l'influence d'une instruction si vicieuse ; on aurait eu avec lui un prince excellent s'il fût parvenu à se corriger de son penchant pour la chasse et pour la pêche, qui lui ôtent bien des moments qu'il pourrait consacrer avec utilité aux affaires publiques ; mais la crainte de perdre une matinée favorable pour son amusement le plus cher est capable de lui faire abandonner l'affaire la plus importante, et la reine et les ministres savent bien se prévaloir de cette faiblesse.

» Au mois de janvier 1788, Ferdinand tenait dans le palais de Caserte un conseil d'État ; la reine, le ministre Acton, Caracciolo et quelques autres y assistaient. Il s'agissait d'une affaire de la plus grande importance. Au milieu de la discussion, on entendit frapper à la porte ; cette interruption surprit tout le monde, et l'on ne pouvait concevoir quel était l'homme assez hardi pour choisir un moment tel que celui-là ; mais le roi s'élança à la porte, l'ouvrit et sortit ; il rentra bientôt avec les signes de la plus vive joie et pria que l'on finît très-vite, parce qu'il avait une affaire d'une tout autre importance que celle dont on s'entretenait; on leva le conseil, et le roi se retira dans sa chambre pour se coucher de bonne heure, afin d'être sur pied le lendemain avant le jour.

» Cette affaire à laquelle nulle autre ne pouvait être comparée était un rendez-vous de chasse; ces coups donnés à la porte de la salle du conseil étaient un signal convenu entre le roi et son piqueur, qui, selon ses ordres, venait l'avertir qu'une troupe de sangliers avait été vue dans la forêt à l'aube du jour, et qu'ils se rassemblaient chaque matin au même lieu. Il est clair qu'il fallait rompre le conseil pour se coucher d'assez bonne heure et être en état de surprendre les sangliers. S'ils se fussent échappés, que devenait la gloire de Ferdinand?

» Une autre fois, dans le même lieu et dans les mêmes circonstances, trois coups de sifflet se firent entendre; c'était encore un signal entre le roi et son piqueur; mais la reine et ceux qui assistaient au conseil ne prirent point cette plaisanterie en bonne part; le roi seul s'en amuse, ouvre promptement une fenêtre et donne audience à son piqueur, qui lui annonce une pose d'oiseaux, ajoutant que Sa Majesté n'avait pas un instant à perdre si elle voulait avoir le plaisir d'un coup heureux.

» Le dialogue terminé, Ferdinand revint avec précipitation et dit à la reine :

» — Ma chère maitresse, préside à ma place et finis comme tu l'entendras l'affaire qui nous rassemble. »

LA PÊCHE ROYALE.

« On croit écouter un conte fait à plaisir lorsque l'on entend dire non-seulement que le roi de Naples pêche, mais encore qu'il vend lui-même le poisson qu'il a pris ; rien de plus vrai : j'ai assisté à ce spectacle amusant et unique en son genre, et je vais en offrir le tableau.

» Ordinairement, le roi pêche dans cette partie de la mer qui est voisine du mont Pausilippe, à trois ou quatre milles de Naples ; après avoir fait une ample capture de poissons, il retourne à terre ; et, quand il est débarqué, il jouit du plaisir le plus vif qui soit pour lui dans cet amusement : on étale sur le rivage tout le produit de la pêche, et alors les acheteurs se présentent et font leur marché avec le monarque lui-même. Ferdinand ne donne rien à crédit, il veut même toucher l'argent avant de livrer sa marchandise et témoigne une méfiance fort soupçonneuse. Alors, tout le monde peut s'approcher du roi, et les lazzaroni ont surtout ce privilége, car le roi leur montre plus d'amitié qu'à tous les autres spectateurs ; les lazzaroni ont pourtant des égards pour les étrangers qui veulent voir le monarque de près. Lorsque la vente commence, la scène devient extrèmement comique; le roi vend aussi cher qu'il est possible, il prône son poisson en le prenant dans ses mains royales et en disant tout ce qu'il croit capable d'en donner envie aux acheteurs.

» Les Napolitains, qui sont ordinairement très-familiers, traitent le roi, dans ces occasions, avec la plus grande liberté et lui disent des injures comme si c'était un marchand ordinaire de marée qui voulût surfaire; le roi s'amuse beaucoup de leurs invectives, qui le font rire à gorge déployée; il va ensuite trouver la reine et lui raconte tout ce qui s'est passé à la pêche et à la vente du poisson, ce qui lui fournit un ample sujet de facéties; mais, pendant tout le temps que le roi s'occupe à la chasse et à la pêche, la reine et les ministres, comme nous l'avons dit, gouvernent à leur fantaisie et les affaires n'en vont pas mieux pour cela. »

Attendez, et le roi Ferdinand va nous apparaître sous un nouvel aspect.

Cette fois, nous n'interrogerons plus Gorani, le voyageur qui un instant l'entrevoit vendant son poisson ou passant au galop pour se rendre à un rendez-vous de chasse; nous nous adresserons à un familier de la maison, Palmieri de Micciche, marquis de Villalba, amant de la maîtresse du roi, qui va nous montrer celui-ci dans tout le cynisme de sa lâcheté.

Écoutez donc; c'est le marquis de Villalba qui parle, et qui parle dans notre langue :

» Vous connaissez, n'est-ce pas? les détails de la retraite de Ferdinand, de sa fuite, pour parler plus exactement, lors des événements de la basse Italie, à la fin de l'année 1798. Je les rappellerai en deux mots.

» Soixante mille Napolitains, commandés par le général autrichien Mack, et encouragés par la présence de leur roi, s'avançaient triomphalement jusqu'à Rome, lorsque Championnet et Macdonald, en réunissant leurs faibles corps, tombent sur cette armée et la mettent en déroute.

» Ferdinand se trouvait à Albano, lorsqu'il apprit cette foudroyante défaite.

» — *Fuimmo! fuimmo!* se prit-il à crier.

» Et il fuyait en effet.

» Mais, avant de monter en voiture :

» — Mon cher Ascoli, dit-il à son compagnon, tu sais combien il fourmille de jacobins par le temps qui court! Ces fils de p...... n'ont d'autre idée que de m'assassiner. Faisons une chose, changeons d'habits. En voyage, tu seras le roi, et moi, je serai le duc d'Ascoli. De cette manière, il y aura moins de danger pour moi.

» Ainsi dit, ainsi fait : le généreux Ascoli souscrit avec joie à cette incroyable proposition; il s'empresse d'endosser l'uniforme du roi et lui donne le sien en échange, puis il prend la droite dans la voiture, et fouette cocher !

» Nouveau Dandino, le duc joue son rôle avec perfection dans leur course jusqu'à Naples, tandis que Ferdinand, à qui la peur donnait des inspirations, s'acquittait de celui du plus soumis des courtisans de manière à faire penser qu'il n'avait été autre chose toute sa vie.

» Le roi, à la vérité, sut toujours gré au duc d'Ascoli de ce trait peu ordinaire de dévouement monarchique, et, tant qu'il vécut, il ne cessa jamais de lui donner des preuves éclatantes de sa faveur; mais, par une singularité que peut seulement expliquer le caractère de ce prince, il lui arrivait souvent de persifler le duc sur son dévouement, tandis qu'il se raillait sur sa propre poltronnerie.

» J'étais un jour en tiers avec ce seigneur chez la duchesse de Floridia, au moment où le roi vint lui offrir le bras pour la mener dîner. Simple ami sans importance de la maîtresse du lieu, et me sentant trop honoré de la présence du nouvel arrivé, je marmottais entre mes dents le *Domine, non sum dignus*, et je reculais même de quelques pas, lorsque la noble dame, tout en donnant un dernier regard à sa toilette, se prit à faire l'éloge du duc et de son attachement pour la personne de son royal amant.

» — Il est sans contredit, lui disait-elle, votre ami véritable, le plus dévoué de vos serviteurs, etc., etc.

» — Oui, oui, donna Lucia, répondit le roi. Aussi demandez à Ascoli quel est le tour que je lui ai joué quand nous nous sauvâmes d'Albano.

» Et puis il lui rendait compte du changement d'habits et de la manière dont ils s'étaient acquittés de leurs rôles, et il ajoutait, les larmes aux yeux et en riant de toute la force de ses poumons :

» — C'était lui le roi ! Si nous eussions rencontré les jacobins, il était pendu, et moi, j'étais sauvé !

» Tout est étrange dans cette histoire : étrange défaite, étrange fuite, étrange proposition, étrange révélation de ces faits, enfin, devant un étranger, car tel j'étais pour la cour et surtout pour le roi, auquel je n'avais parlé qu'une fois ou deux.

» Heureusement pour l'humanité, la chose la moins étrange, c'est le dévouement de l'honnête courtisan. »

Maintenant, l'esquisse que nous traçons d'un des personnages de notre livre, personnage à la ressemblance duquel nous craignons que l'on ne puisse croire, serait incomplète si nous ne voyions ce *pulcinella* royal que sous son côté lazzarone ; de profil, il est grotesque ; mais, de face, il est terrible.

Voici, traduite textuellement sur l'original, la lettre qu'il écrivait à Ruffo, vainqueur et près d'entrer à Naples ; c'est une liste de proscriptions dressée à la fois par la haine, par la vengeance et par la peur :

« Palerme, 1er mai 1799.

» Mon très-éminent,

» Après avoir lu et relu, et pesé avec la plus grande attention le passage de votre lettre du 1er avril, relatif au plan à arrêter sur le destin des nombreux criminels tombés ou qui peuvent tomber dans nos mains, soit dans les provinces, soit lorsque, avec l'aide de Dieu, la capitale sera rendue à ma domination, je dois d'abord vous annoncer que j'ai trouvé tout ce que vous me dites à ce sujet plein de sagesse, et illuminé de ces lumières, de cet esprit et de cet attachement dont vous m'avez donné et me donnez continuellement des preuves non équivoques.

» Je viens donc vous faire connaître quelles sont mes dispositions.

» Je conviens avec vous qu'il ne faut pas être trop acharné dans nos recherches, d'autant plus que les mauvais sujets se sont fait si ouvertement connaître, que l'on peut en fort peu de temps mettre la main sur les plus pervers.

» Mon intention est donc que les suivantes classes de coupables *soient arrêtées et dûment gardées :*

» *Tous ceux du gouvernement provisoire et de la commission exécutive et législative de Naples ;*

» *Tous les membres de la commission militaire et de la police formée par les républicains ;*

» *Tous ceux qui ont fait partie des différentes municipalités et qui, en général, ont reçu une commission de la république ou des Français ;*

» *Tous ceux qui ont souscrit à une commission ayant en vue de faire des recherches sur les prétendues dilapidations et malversations de mon gouvernement ;*

» *Tous les officiers qui étaient à mon service et qui sont passés à celui de la soi-disant république ou des Français.* Il est bien entendu que, dans le cas où mes officiers seraient pris les armes à la main contre mes armées ou contre celles de mes alliés, *ils seront, dans le terme de vingt-quatre heures, fusillés sans autre forme de procès, ainsi que tous les barons qui se seront opposés par les armes à mes soldats ou à ceux de mes alliés ;*

» *Tous ceux qui ont fondé des journaux républicains ou imprimé des proclamations et autres écrits, comme par exemple des ouvrages pour exciter mes peuples à la révolte et répandre les maximes du nouveau gouvernement.*

» *Seront également arrêtés les syndics des villes et les députés des places qui enlevèrent le gouvernement à mon vicaire le général Pignatelli, ou s'opposèrent à ses opérations, et prirent des mesures en contradiction avec la fidélité qu'ils nous doivent.*

» *Je veux également que l'on arrête une certaine* Louisa Molina San-Felice *et un nommé Vincenzo Cuoco, qui découvrirent la contre-révolution que voulaient faire les royalistes, à la tête desquels étaient les Backer père et fils.*

» Cela fait, mon intention est de nommer une commission extraordinaire de quelques hommes sûrs et choisis qui jugeront militairement les principaux criminels parmi ceux qui seront arrêtés, et *avec toute la rigueur des lois.*

» Ceux qui seront jugés moins coupables seront *économiquement* déportés hors de mes domaines pendant toute leur vie, et leurs biens seront confisqués.

» Et, à ce propos, je dois vous dire que j'ai trouvé très-sensé ce que *vous observez*, quant à la déportation ; mais, tout inconvénient mis de côté, je trouve qu'il vaut mieux *se défaire de ces vipères* que de les garder chez soi. Si j'avais une île à moi, très-éloignée de mes domaines du continent, j'adopterais volontiers votre système de les y reléguer ; mais la proximité de mes iles des deux royaumes rendrait possible quelques conspirations que ces gens-là trameraient avec les scélérats et les mécontents que l'on ne serait pas parvenu à extirper de mes États. D'ailleurs, les revers considérables que, grâce à Dieu, les Français ont subis, et que, je l'espère, ils devront subir encore, mettront les déportés dans l'impossibilité de nous nuire. Il faudra cependant bien réfléchir au lieu de la déportation et à la manière avec laquelle on pourra l'effectuer sans danger : c'est ce dont je m'occupe actuellement.

» Quant à la commission qui doit juger tous ces coupables, à peine aurai-je Naples en main, que j'y songerai sans faute, en comptant expédier cette commission de cette ville-ci à la capitale. Quant aux provinces et aux endroits où vous êtes, de Fiore peut continuer, si vous en êtes content. En outre, parmi les avocats provinciaux et royaux des gouvernements qui n'ont point pactisé avec les républicains, qui sont attachés à la couronne et qui ont de l'intelligence, on peut en choisir un certain nombre et leur accorder tous les pouvoirs extraordinaires et sans appel, ne voulant pas que des magistrats, soit de la capitale, soit des provinces, qui auraient servi sous la république, y eussent-ils été, comme je l'espère, poussés par une irrésistible nécessité, jugent des traîtres au rang desquels je les place.

» Et pour ceux qui ne sont pas compris dans les catégories que je vous ai indiquées et que je me réserve, je vous laisse la liberté de faire procéder à leur prompt et exemplaire châtiment, avec toute la sévérité des lois, lorsque vous trouverez qu'ils sont les véritables et principaux criminels et que vous croirez ce châtiment nécessaire.

» Quant aux magistrats des tribunaux de la capitale, lorsqu'ils n'auront pas accepté des commissions particulières des Français et de la république, et qu'ils n'auront fait que remplir leurs fonctions, de rendre la justice dans les tribunaux où ils siégeaient, ils ne seront pas poursuivis.

» Ce sont là, pour le moment, toutes les dispositions que je vous charge de faire exécuter de la manière que vous jugerez convenable et dans les lieux où il y aura possibilité.

» A peine aurai-je reconquis Naples, que je me réserve de faire quelques nouvelles adjonctions que les événements et les connaissances que j'acquerrai pourront déterminer. *Après quoi, mon intention est de suivre mes devoirs de bon chrétien et de père aimant ses peuples, d'oublier entièrement le passé, et d'accorder à tous un pardon général et entier qui puisse leur assurer l'oubli de leurs fautes passées, que je défendrai de rechercher plus longtemps, me flattant que ces fautes ont été causées, non par un esprit corrompu, mais par la crainte et la pusillanimité.*

» Mais n'oubliez point cependant qu'il faut que les charges publiques soient données dans les provinces à des personnes qui se sont toujours bien comportées envers la couronne, et, par conséquent, qui n'ont jamais changé de parti, parce que, de cette manière seulement, nous pourrons être sûrs de conserver ce que nous avons reconquis.

» Je prie le Seigneur qu'il vous conserve pour le bien de mon service et pour pouvoir vous exprimer en tout lieu ma vraie et sincère reconnaissance.

» Croyez-moi toujours, en attendant,

» Votre affectionné.
» Ferdinand-L. B. »

Maintenant, nous avons ajouté qu'une des personnalités incroyables, presque impossibles, que nous avons introduites dans notre livre afin que Naples, dans ses jours de révolution, apparût à nos lecteurs sous son véritable aspect, c'est, à l'autre extrémité de l'échelle sociale, cette espèce de monstre, moitié tigre, moitié gorille, nommé Gaetano Mammone.

Un seul auteur en parle comme l'ayant connu personnellement : Cuoco. Les autres ne font que reproduire ce que Cuoco en dit :

« Mammone Gaetano, d'abord meunier, ensuite général en chef des insurgés de Sora, fut un monstre sanguinaire à la barbarie duquel il est impossible de rien comparer. En deux mois de temps, dans une petite étendue de pays, il fit fusiller trois cent cinquante malheureux, sans compter à peu près le double qui furent tués par ses satellites. Je ne parle pas des massacres, des violences, des incendies ; je ne parle pas des fosses horribles où il jetait les malheureux qui tombaient entre ses mains, ni des nouveaux genres de mort que sa cruauté inventait : il a renouvelé les inventions de Procuste et de Mézence. Son amour du sang était tel, qu'il buvait celui qui sortait des blessures des malheureux qu'il assassinait ou faisait assassiner. *Celui qui écrit ces lignes l'a vu* boire son propre sang après avoir été saigné, et rechercher avec avidité, dans la boutique d'un barbier, le sang de ceux que l'on venait de saigner avant lui. Il dînait presque toujours ayant sur sa table une tête coupée et buvait dans un crâne humain.

» C'est à ce monstre que Ferdinand de Sicile écrivait : *Mon général et mon ami.* »

Quant à nos autres personnages, — nous parlons des personnages historiques toujours, — ils rentrent un peu plus dans l'humanité : c'est la reine Marie-Caroline, dont nous essayerions de faire une esquisse préparatoire si cette esquisse n'avait été tracée à grands traits dans un magnifique discours du prince Napoléon au Sénat, discours qui est resté dans toutes les mémoires ; — c'est Nelson, dont Lamartine a écrit la biographie ; — c'est Emma Lyonna, dont la Bibliothèque impériale vous montrera vingt portraits ; — c'est Championnet, dont le nom est glorieusement inscrit sur les premières pages de notre Révolution, et qui, comme Marceau, comme Hoche, comme Kléber, comme Desaix, comme mon père, a eu le bonheur de ne pas survivre au règne de la liberté ; — ce sont, enfin, quelques-unes de ces grandes et poétiques figures comme en font rayonner les cataclysmes politiques, qui, en France, s'appellent Danton, Camille Desmoulins, Biron, Bailly, madame Roland, et qui, à Naples, s'appellent Hector Caraffa, Manthonnet, Schipani, Cirillo, Cimarosa, Éléonore Pimentel.

Quant à l'héroïne qui donne son nom au livre, disons un mot, non pas sur elle, mais sur son nom : *la San-Felice.*

En France, on dit, en parlant d'une femme noble ou simplement distinguée : *Madame ;* en Angleterre : *Milady* ou *Mistress ;* en Italie, pays de la familiarité, on dit : *La une telle*. Chez nous, cette dénomination serait prise en mauvaise part; en Italie, à Naples surtout, c'est presque un titre de noblesse.

Pas une seule personne à Naples, en parlant de cette pauvre femme que l'excès de son malheur a rendue historique, n'aurait l'idée de dire : « Madame San-Felice, » ou : « La chevalière San-Felice. »

On dit simplement : LA SAN-FELICE.

J'ai cru devoir conserver au livre, sans altération aucune, le titre qu'il emprunte à son héroïne.

Sur ce, chers lecteurs, comme je vous ai dit ce que j'avais à vous dire, nous entrerons en matière, si vous le voulez bien.

ALEX. DUMAS.

LA SAN-FELICE

I

LA GALÈRE CAPITANE.

Entre le rocher auquel Virgile, en y creusant la tombe du clairon d'Hector, a imposé le nom de promontoire de Misène, et le cap Campanella, qui vit sur l'un de ses versants naître l'inventeur de la boussole, et sur l'autre errer proscrit et fugitif l'auteur de la *Jérusalem délivrée*, s'ouvre le magnifique golfe de Naples.

Ce golfe, toujours riant, toujours sillonné par des milliers de barques, toujours retentissant du bruit des instruments et du chant des promeneurs, était, le 22 septembre 1798, plus joyeux, plus bruyant et plus animé encore que d'habitude.

Le mois de septembre est splendide à Naples, placé qu'il est entre les ardeurs dévorantes de l'été et les pluies capricieuses de l'automne; et le jour duquel nous datons les premières pages de notre histoire était un des jours les plus splendides du mois. Le soleil ruisselait en flots dorés sur ce vaste amphithéâtre de collines qui semble allonger un de ses bras jusqu'à Nisida et l'autre jusqu'à Portici, pour presser la ville fortunée contre les flancs du mont Saint-Elme, que surmonte, pareille à une couronne murale posée sur le front de la moderne Parthénope, la vieille forteresse des princes angevins.

Le golfe, immense nappe d'azur, pareil à un tapis semé de paillettes d'or, frissonnait sous une brise matinale, légère, balsamique, parfumée; si douce, qu'elle faisait éclore un ineffable sourire sur les visages qu'elle caressait; si vivace, que dans les poitrines gonflées par elle se développait à l'instant même cette immense aspiration vers l'infini, qui fait croire orgueilleusement à l'homme qu'il est, ou du moins qu'il peut devenir un dieu, et que ce monde n'est qu'une hôtellerie d'un jour, bâtie sur la route du ciel.

Huit heures sonnaient à l'église San-Ferdinando, qui fait le coin de la rue de Tolède et de la place San-Ferdinando.

Le dernier frissonnement du timbre qui mesure le temps s'était à peine évanoui dans l'espace, que les mille cloches des trois cents églises de Naples bondissaient joyeusement et bruyamment par les ouvertures de leurs campaniles, et que les canons du fort de l'Œuf, du Castel-Nuovo et del Carmine, éclatant comme un roulement de tonnerre, semblaient vouloir éteindre leurs bruyantes volées, tout en enveloppant la ville d'une ceinture de fumée, tandis que le fort Saint-Elme, flamboyant et nuageux comme un cratère en éruption, improvisait, en face de l'ancien volcan muet, un Vésuve nouveau.

Cloches et canons saluaient de leur voix de bronze une magnifique galère qui en ce moment se détachait du quai, traversait le port militaire, et, sous la double pression des rames et de la voile, s'avançait majestueusement vers la haute mer, suivie de dix ou douze barques plus petites, mais presque aussi magnifiquement ornées que leur capitane, laquelle eût pu le disputer en richesse au *Bucentaure*, menant le doge épouser l'Adriatique.

Cette galère était commandée par un officier de quarante-six à quarante-sept ans, vêtu du riche uniforme d'amiral de la marine napolitaine ; son visage mâle, d'une beauté sévère et impérative, était hâlé tout à la fois par le soleil et par le vent ; quoiqu'il eût la tête découverte en signe de respect, il portait haut son front, chargé de cheveux grisonnants à travers lesquels on devinait qu'avait dû passer plus d'une fois le souffle aigu de la tempête, et l'on comprenait à la première vue que c'était à lui, quels que fussent les illustres personnages qu'il portait à son bord, que le commandement était départi ; le porte-voix de vermeil suspendu à sa main droite eût été le signe visible de ce commandement, si la nature n'eût pris soin d'imprimer ce signe d'une façon bien autrement indélébile dans l'éclair de ses yeux et dans l'accent de sa voix.

Il s'appelait François Caracciolo et appartenait à cette antique famille des princes Caraccioli, accoutumés d'être les ambassadeurs des rois et les amants des reines.

Il se tenait debout sur son banc de quart, comme il eût fait un jour de combat.

Tout le tillac de la galère était recouvert par une tente de pourpre, blasonnée des armes des Deux-Siciles et destinée à garantir du soleil les augustes passagers qu'elle abritait.

Ces passagers formaient trois groupes, de pose et d'aspect différents.

Le premier de ces groupes, le plus considérable de tous, se composait de cinq hommes, occupant le centre du bâtiment, et dont trois débordaient de la tente sur le pont ; des rubans de toutes couleurs soutenaient à leur cou des croix de tous les pays, et leurs poitrines, chamarrées de plaques, étaient sillonnées de cordons. Deux d'entre eux portaient, comme marques distinctives de leur rang, des clefs d'or aux boutons de taille de leur habit ; ce qui signifiait qu'ils avaient l'honneur d'être chambellans.

Le personnage principal de ce groupe était un homme de quarante-sept ans, grand et mince, quoique charpenté vigoureusement. L'habitude de se pencher pour écouter ceux qui lui parlaient lui avait légèrement courbé la taille en avant. Malgré le costume couvert de broderies d'or dont il était revêtu, malgré les ordres en diamants qui étincelaient sur son habit, malgré le titre de majesté qui revenait à chaque instant à la bouche de ceux qui lui adressaient la parole, son aspect était vulgaire, et aucun de ses traits, en les détaillant, ne révélait la dignité royale. Il avait les pieds gros, les mains larges, les attaches des chevilles et des poignets sans finesse ; un front déprimé qui révélait l'absence des sentiments élevés, un menton fuyant, accusant un caractère faible et irrésolu, faisaient encore ressortir un nez démesurément gros et long, signe de basse luxure et d'instincts grossiers ; l'œil seul était vif et railleur, mais faux presque toujours, cruel quelquefois.

Ce personnage était Ferdinand IV, fils de Charles III, par la grâce de Dieu roi des Deux-Siciles, et de Jérusalem, infant d'Espagne, duc de Parme, Plaisance et Castro, grand prince héréditaire de Toscane, que les lazzaroni de Naples appelaient plus simplement, et sans tant de titres et de façons, *le roi Nasone*.

Celui avec lequel il s'entretenait le plus particulièrement, et qui était le plus simplement vêtu de tous, quoiqu'il portât l'habit brodé des diplomates, était un vieillard de soixante-neuf ans, petit de taille, avec des cheveux rares, blancs et rejetés en arrière. Il avait cette figure étroite que les gens du peuple appellent si caractéristiquement une figure en lame de couteau, le nez et le menton pointus, la bouche rentrante, l'œil investigateur, clair et intelligent ; ses mains, dont il paraissait prendre un soin extrême et sur lesquelles retombaient des manchettes de magnifique dentelle d'Angleterre, étaient chargées de bagues dont l'or enchâssait des camées antiques et précieux ; il portait deux ordres seulement, la plaque de Saint-Janvier et le cordon rouge du Bain avec sa médaille d'or étoilée, où l'on voit un sceptre entre une rose et un chardon, au milieu de trois couronnes impériales.

Celui-là, c'etait sir William Hamilton, frère de lait du roi George III, et depuis trente-cinq ans ambassadeur de la Grande-Bretagne près la cour des Deux-Siciles.

Les trois autres étaient le marquis Malaspina, aide de camp du roi ; l'Irlandais Jean Acton, son premier ministre, et le duc d'Ascoli, son chambellan et son ami.

Le second groupe, qui semblait un tableau peint par Angelica Kauffmann, se composait de deux femmes auxquelles, même dans l'ignorance de leur rang et de leur célébrité, il eût été impossible à l'observateur le plus indifférent de ne pas donner une attention particulière.

La plus âgée de ces femmes, quoique ayant passé la jeune et brillante période de la vie, avait conservé des restes remarquables de beauté ; sa taille, plutôt grande que petite, commençait à s'épaissir sous un embonpoint que sa grande fraîcheur eût pu faire accuser de précocité si quelques rides profondes, creusées sur l'ivoire d'un front large et dominateur, plus encore par les préoccupations de la politique et la pesanteur de la couronne que par l'âge lui-même, n'avaient révélé les quarante-cinq ans qu'elle était sur le point d'atteindre ; ses cheveux blonds, d'une finesse rare, d'une nuance charmante, encadraient admirablement un visage dont l'ovale primitif s'était légérement déformé sous les contractions de l'impatience et de la douleur. Ses yeux bleus, fatigués et distraits, jetaient, lorsque la pensée venait tout à coup les animer, un feu sombre et, en quelque sorte, électrique, qui, après avoir été le reflet de l'amour, puis la flamme de l'ambition, était devenu l'éclair de la haine; ses lèvres humides et carminées, dont l'inférieure, plus avancée que la supérieure, donnait dans certains moments une indicible expression de dédain à son visage, s'étaient séchées et avaient pâli sous les morsures incessantes de dents toujours belles et éclatantes comme des perles. Le nez et le menton étaient restés d'une pureté grecque; le cou, les épaules et les bras demeuraient irréprochables.

Cette femme, c'était la fille de Marie-Thérèse, la sœur de Marie-Antoinette; c'était Marie-Caroline d'Autriche, la reine des Deux-Siciles, l'épouse de Ferdinand IV, que, pour des raisons que nous verrons se développer plus tard, elle avait pris en indifférence d'abord, puis en dégoût, puis en mépris. Elle en était à cette troisième phase, qui ne devait pas être la dernière, et les nécessités politiques rapprochaient seules les illustres époux, qui, en dehors de cela, vivaient complétement séparés, le roi chassant dans ses forêts de Lincola, de Persano, d'Astroni, et se reposant dans son harem de San-Leucio la reine faisant de la politique, à Naples, à Caserte ou à Portici, avec son ministre Acton, ou se reposant sous les berceaux d'orangers avec sa favorite Emma Lyonna, en ce moment couchée à ses pieds, comme une esclave reine.

Il suffisait, au reste, de jeter un regard sur cette dernière pour comprendre non-seulement la faveur tant soit peu scandaleuse dont elle jouissait près de Caroline, mais encore les enthousiasmes frénétiques soulevés par cette enchanteresse chez les peintres anglais, qui la représentèrent sous toutes les formes, et les poëtes napolitains qui la chantèrent sur tous les tons ; si la nature humaine peut arriver à la perfection de la beauté, certes Emma Lyonna avait atteint à cette perfection. Sans doute, dans ses intimités avec quelque moderne Sappho, elle avait hérité de cette essence précieuse donnée à Phaon par Vénus, pour se faire irrésistiblement aimer ; l'œil étonné semblait, en se fixant sur elle, ne distinguer d'abord les contours de ce corps admirable qu'à travers la vapeur de volupté qui émanait de lui ; puis, peu à peu, le regard perçait le nuage et la déesse transparaissait.

Essayons de peindre cette femme, qui descendit dans les abîmes les plus profonds de la misère et atteignit les plus splendides sommets de la prospérité, et qui, à l'époque où elle nous apparait, eût pu rivaliser d'esprit, de grâce et de beauté avec la Grecque Aspasie, l'Égyptienne Cléopâtre et la Romaine Olympia.

Elle était ou du moins paraissait arrivée à cet âge qui donne à la femme l'apogée des accomplissements physiques ; sa personne, lorsque l'œil essayait de la détailler, offrait au regard comme un éblouissement successif; ses cheveux châtains encadraient un visage rond comme celui de la jeune fille qui touche à peine à la puberté ; ses yeux irisés, dont il eût été impossible de déterminer la couleur, étincelaient sous deux sourcils que l'on eût crus dessinés par le pinceau de Raphaël ; son cou flexible et blanc comme celui du cygne ; ses épaules et ses bras, dont la souplesse, la douce rondeur, la grâce charmante rappelaient, non pas les froides créations du ciseau antique, mais les marbres suaves et palpitants de Germain Pilon, le disputaient à ces marbres mêmes en fermeté et en veines d'azur ; la bouche, semblable à celle de cette princesse, filleule d'une fée, qui à chaque parole laissait tomber une perle, et à chaque sourire un diamant, semblait un inépuisable écrin de baisers d'amour. Faisant contraste avec la parure toute royale de Marie-Caroline, elle était vêtue d'une longue et simple tunique de cachemire blanc à larges manches, échancrée à la grecque dans sa partie supérieure, serrée et plissée à la taille, libre de toute autre étreinte, par une ceinture de maroquin rouge, brodée d'or, incrustée de rubis, d'opales, de turquoises, et s'agrafant par un splendide camée représentant le portrait de sir William Hamilton; elle s'enveloppait comme d'un manteau d'un large châle indien, aux couleurs changeantes et à fleurs d'or, qui plus d'une fois, dans les soirées intimes de la reine, lui avait servi à danser ce pas du *châle* qu'elle avait inventé et dont jamais danseuse ni ballerine ne purent atteindre la voluptueuse et magique perfection.

Plus tard, nous trouverons moyen de mettre sous les yeux de nos lecteurs l'étrange passé de cette femme, à laquelle, dans ce chapitre tout d'introduction descriptive, nous ne pouvons donner, quelque place qu'elle tienne dans l'histoire que nous allons raconter, qu'un coup d'œil rapide et qu'une fugitive attention.

Le troisième groupe, qui faisait pendant à celui-ci et qui se trouvait à la droite de celui du roi, se composait de quatre personnes, c'est-à-dire de deux hommes d'âge différents qui causaient science et économie politique, et d'une jeune femme, pâle, triste et rêveuse, berçant dans ses bras et serrant contre son cœur un enfant de quelques mois.

Une cinquième personne, qui n'était autre que la

nourrice de l'enfant, grosse et fraîche paysanne portant le costume des femmes d'Aversa, se dissimulait dans la pénombre, où étincelaient, malgré elle, les broderies de son corsage passementé d'or.

Le plus jeune des deux hommes, à peine âgé de vingt-deux ans, aux cheveux blonds, au menton encore imberbe, à la taille épaissie par une obésité précoce, que le poison devait changer plus tard en maigreur cadavérique, vêtu d'un habit bleu de ciel, brodé d'or et surchargé de cordons et de plaques, était le fils aîné du roi et de la reine Marie-Caroline, l'héritier présomptif de la couronne, François, duc de Calabre. Né avec un caractère timide et doux, il avait été effrayé des violences réactionnaires de la reine, s'était jeté dans la littérature et les sciences, et ne demandait rien autre chose que de rester en dehors de la machine politique, par les rouages de laquelle il craignait d'être brisé.

Celui avec lequel il s'entretenait était un homme grave et froid, âgé de cinquante à cinquante-deux ans, qui était, non pas précisément un *savant*, comme on l'entend en Italie, mais, ce qui vaut parfois beaucoup mieux, un *sachant*. Il portait pour toute décoration, sur un habit très-simplement orné, la croix de Malte, qui exigeait deux cents ans de noblesse non interrompue : c'était, en effet, un noble

Napolitain, nommé le chevalier de San-Felice, qui était bibliothécaire du prince et chevalier d'honneur de la princesse.

La princesse, par laquelle nous eussions dû commencer peut-être, était cette jeune mère, que nous avons indiquée d'un trait, qui, comme si elle eût deviné qu'elle devait bientôt quitter la terre pour le ciel, pressait son enfant contre son cœur. Elle aussi, comme sa belle-mère, était archiduchesse de la hautaine maison de Habsbourg; elle se nommait Clémentine d'Autriche; elle avait, à quinze ans, quitté Vienne pour épouser François de Bourbon, et, soit amour laissé là-bas, soit désillusion trouvée ici, nul, même sa fille, si elle eût été en âge de comprendre et de parler, n'eût pu raconter l'avoir vue sourire une seule fois. Fleur du Nord, elle se fanait, à peine ouverte, à l'ardent soleil du Midi; sa tristesse était un secret dont elle mourait lentement sans se plaindre ni aux hommes ni à Dieu; elle semblait savoir qu'elle était condamnée, et, pieuse et pure victime expiatoire, s'était résignée à la condamnation qu'elle subissait, non point pour ses fautes, mais pour celles d'autrui; Dieu, qui a l'éternité pour être juste, a de ces mystérieuses contradictions que ne comprend pas notre justice mortelle et éphémère.

La fille qu'elle pressait contre son cœur, et qui, depuis quelques mois à peine, venait d'ouvrir ses yeux à la lumière, était cette seconde Marie-Caroline, qui peut-être eut les faiblesses, mais non les vices de la première; ce fut la jeune princesse qui épousa le duc de Berry, que le poignard de Louvel fit veuve, et qui, seule de la branche aînée des Bourbons, a laissé en France une mémoire sympathique et un souvenir chevaleresque.

Et tout ce monde de rois, de princes, de courtisans glissant sur cette mer d'azur, sous cette tente de pourpre, au son d'une musique mélodieuse dirigée par le bon Dominique Cimarosa, maître de chapelle et compositeur de la cour, dépassait tour à tour Resina, Portici, Torre-del-Greco, et s'avançait dans la nef magnifique, poussée vers le large par cette molle brise de Baïa si fatale à l'honneur des dames romaines, et dont la voluptueuse haleine allait, en expirant sous les portiques de ses temples, faire fleurir deux fois l'an les rosiers de Pœstum.

En même temps, on voyait grandir à l'horizon, bien au delà encore de Capri et du cap Campanella, un vaisseau de guerre qui, de son côté, en apercevant la flottille royale, manœuvra pour naviguer au plus près, et, mettant le cap sur elle, tira un coup de canon.

Une légère fumée apparut aussitôt au flanc du colosse, et l'on vit gracieusement monter à sa corne le pavillon rouge d'Angleterre.

Puis on entendit, quelques secondes après, une détonation prolongée pareille au roulement d'un tonnerre lointain.

II

LE HÉROS DU NIL.

Ce bâtiment qui accourait au-devant de la flottille royale, et à la corne duquel nous avons vu monter le pavillon rouge d'Angleterre, se nommait *le Van-Guard*.

L'officier qui le commandait était le commodore Horace Nelson, — qui venait de détruire la flotte française à Aboukir, d'enlever à Bonaparte et à l'armée républicaine tout espoir de retour en France.

Disons en quelques mots ce que c'était que ce commodore Horace Nelson, un des plus grands hommes de mer qui aient jamais existé, le seul qui ait balancé, et même ébranlé sur l'Océan, la fortune continentale de Napoléon.

On s'étonnera peut-être de nous entendre faire, à nous, l'éloge de Nelson, ce terrible ennemi de la

France, qui lui a tiré du cœur le meilleur et le plus pur de son sang à Aboukir et à Trafalgar ; mais les hommes comme lui sont un produit de la civilisation universelle ; la postérité ne fait pas pour eux une acception de naissance et de pays : elle les considère comme une partie de la grandeur de l'espèce humaine, que l'espèce humaine doit envelopper d'un large amour, caresser d'un immense orgueil ; une fois descendus dans la tombe, ils ne sont plus compatriotes ni étrangers, amis ni ennemis : ils s'appellent Annibal et Scipion, César et Pompée, c'est-à-dire des œuvres et des actions. L'immortalité naturalise les grands génies au profit de l'univers.

Nelson était né le 29 septembre 1758 ; c'était donc, à l'époque où nous sommes arrivés, un homme de trente-neuf à quarante ans.

Il était né à Barnham-Thorpes, petit village du comté de Norfolk ; son père en était le pasteur ; sa mère, qui mourut jeune, mourut en laissant onze enfants.

Un oncle qu'il avait dans la marine, et qui était apparenté aux Walpole, le prit avec lui comme aspirant, sur le vaisseau de soixante-quatre canons *le Redoutable.*

Il alla au pôle et fut pris pendant six mois dans les glaces, lutta corps à corps avec un ours blanc qui l'eût étouffé entre ses pattes si un de ses camarades n'eût fourré le bout de son mousquet dans l'oreille de l'animal et n'eût fait feu.

Il alla sous l'équateur, s'égara dans un forêt du Pérou, s'endormit au pied d'un arbre, fut piqué par un serpent de la pire espèce, faillit en mourir et en garda, pour toute sa vie, des taches livides pareilles à celles du serpent lui-même.

Au Canada, il eut son premier amour et pensa faire sa plus grande folie. Pour ne point quitter celle qu'il aimait, il voulut donner sa démission de capitaine de frégate. Ses officiers s'emparèrent de lui par surprise, le lièrent comme un criminel ou comme un fou, l'emportèrent sur *le Sea-Horse*, qu'il montait alors, et ne lui rendirent la liberté qu'en pleine mer.

De retour à Londres, il se maria à une jeune veuve nommée mistress Nisbett ; il l'aima avec cette passion qui s'allumait si facilement et si ardemment dans son âme, et, lorsqu'il se remit en mer, il emmena avec lui un fils nommé Josuah, qu'elle avait eu de son premier mari.

Lorsque Toulon fut livré aux Anglais par l'amiral Trogof et le général Maudet, Horace Nelson était capitaine à bord de *l'Agamemnon;* il fut envoyé avec son bâtiment à Naples pour annoncer au roi Ferdinand et à la reine Caroline la prise de notre premier port militaire.

Sir William Hamilton, ambassadeur d'Angleterre, comme nous l'avons dit, le rencontra chez le roi, le ramena chez lui, le laissa au salon, passa dans la chambre de sa femme et lui dit :

— Je vous amène un petit homme qui ne peut pas se vanter d'être beau ; mais, ou je m'étonne fort, ou il sera un jour la gloire de l'Angleterre et la terreur de ses ennemis.

— Et comment prévoyez-vous cela ? demanda lady Hamilton.

— Par le peu de paroles que nous avons échangées. Il est au salon ; venez lui faire les honneurs de la maison, ma chère. Je n'ai jamais reçu chez moi aucun officier anglais ; mais je ne veux pas que celui-ci loge ailleurs que dans mon hôtel.

Et Nelson logea à l'ambassade d'Angleterre, située à l'angle de la rivière et de la rue de Chiaia.

Nelson était alors, en 1793, un homme de trente-quatre ans, petit de taille comme l'avait dit William, pâle de visage, avec des yeux bleus, avec ce nez aquilin qui distingue le profil des hommes de guerre et qui fait ressembler César et Condé à des oiseaux de proie, avec ce menton vigoureusement accentué qui indique la ténacité poussée jusqu'à l'obstination ; quant aux cheveux et à la barbe, ils étaient d'un blond pâle, rares et mal plantés.

Rien n'indique qu'à cette époque, Emma Lyonna ait été sur le physique de Nelson d'un autre avis que son mari ; mais la foudroyante beauté de l'ambassadrice produisit son effet : Nelson quitta Naples, emmenant les renforts qu'il était venu demander à la cour des Deux-Siciles, et amoureux fou de lady Hamilton.

Fut-ce par pure ambition de gloire, fut-ce pour guérir de cet amour qu'il sentait inguérissable, qu'il voulut se faire tuer à la prise de Calvi, où il perdit un œil, et dans l'expédition de Ténériffe, où il perdit un bras? On ne sait; mais, dans ces deux occasions, il joua sa vie avec une telle insouciance, que l'on dut penser qu'il n'y tenait que médiocrement.

Lady Hamilton le revit ainsi borgne et manchot, et rien n'indique que son cœur ait ressenti, pour le héros mutilé, un autre sentiment que cette tendre et sympathique pitié que la beauté doit aux martyrs de la gloire.

Ce fut le 16 juin 1798 qu'il revint pour la seconde fois à Naples, et pour la seconde fois se retrouva en présence de lady Hamilton.

La position était critique pour Nelson.

Chargé de bloquer la flotte française dans le port de Toulon et de la combattre si elle en sortait, il avait vu lui glisser entre les doigts cette flotte, qui avait pris Malte en passant, et débarqué 30,000 hommes à Alexandrie !

Ce n'était pas le tout : battu par une tempête, ayant fait des avaries graves, manquant d'eau et de vivres, il ne pouvait continuer sa poursuite, obligé qu'il était d'aller se refaire à Gibraltar.

Il était perdu ; on pouvait accuser de trahison l'homme qui pendant un mois avait cherché dans la Méditerranée, c'est-à-dire dans un grand lac, une flotte de treize vaisseaux de ligne et de trois cent quatre-vingt-sept bâtiments de transport, non-seulement sans pouvoir la joindre, mais encore sans avoir découvert son sillage.

Il s'agissait, sous les yeux de l'ambassadeur français, d'obtenir de la cour des Deux-Siciles, qu'elle permît à Nelson de prendre de l'eau et des vivres dans les ports de Messine et de Syracuse, et du bois pour remplacer ses mâts et ses vergues brisés, dans la Calabre.

Or, la cour des Deux-Siciles avait un traité de paix avec la France ; ce traité de paix lui commandait la neutralité la plus absolue, et c'était mentir au traité et rompre cette neutralité que d'accorder à Nelson ce qu'il demandait.

Mais Ferdinand et Caroline détestaient tellement les Français et avaient juré une telle haine à la France, que tout ce que demandait Nelson lui fut impudemment accordé, et Nelson, qui savait qu'une grande victoire seule pouvait le sauver, quitta Naples, plus amoureux, plus fou, plus insensé que jamais, jurant de vaincre ou de se faire tuer à la première occasion.

Il vainquit et fallit être tué. Jamais, depuis l'invention de la poudre et l'emploi des canons, aucun combat naval n'avait épouvanté les mers d'un pareil désastre.

Sur treize vaisseaux de ligne dont se composait, comme nous l'avons dit, la flotte française, deux seulement avait pu se soustraire aux flammes et échapper à l'ennemi.

Un vaisseau avait sauté, *l'Orient;* un autre vaisseau et une frégate avaient été coulés, neuf avaient été pris.

Nelson s'était conduit en héros pendant tout le temps qu'avait duré le combat; il s'était offert à la mort, et la mort n'avait pas voulu de lui; mais il avait reçu une cruelle blessure. Un boulet du *Guillaume-Tell*, expirant, avait brisé une vergue du *Van-Guard*, qu'il montait, et la vergue brisée lui était tombée sur le front au moment même où il levait la tête pour reconnaître la cause du craquement terrible qu'il entendait, lui avait rabattu la peau du crâne sur l'œil unique qui lui restait, et, comme un taureau frappé de la masse, l'avait renversé sur le pont, baigné dans son sang.

Nelson crut la blessure mortelle, fit appeler le chapelain pour qu'il lui donnât sa bénédiction, et le chargea de ses derniers adieux pour sa famille; mais, avec le prêtre, était monté le chirurgien.

Celui-ci examina le crâne, le crâne était intact; la peau seule du front était détachée et retombait jusque sur la bouche.

La peau fut remise à sa place, recollée au front, maintenue par un bandeau noir. Nelson ramassa le porte-voix échappé de sa main, et se remit à son œuvre de destruction en criant : « Feu! » Il y avait le souffle d'un Titan dans la haine de cet homme contre la France.

Le 2 août, à huit heures du soir, nous l'avons dit, il ne restait plus de la flotte française que deux vaisseaux qui se réfugièrent à Malte.

Un navire léger porta à la cour des Deux-Siciles et à l'Amirauté d'Angleterre la nouvelle de la victoire de Nelson et de la destruction de notre flotte.

Ce fut dans toute l'Europe un immense cri de joie qui retentit jusqu'en Asie, tant les Français étaient craints, tant la révolution française était exécrée!

La cour de Naples surtout, après avoir été folle de rage, devint insensée de bonheur.

Ce fut naturellement lady Hamilton qui reçut la lettre de Nelson, annonçant cette victoire, laquelle renfermait à tout jamais trente mille Français en Égypte, et Bonaparte avec eux.

Bonaparte, l'homme de Toulon, du 13 vendémiaire, de Montenotte, de Dego, d'Arcole et de Rivoli, le vainqueur de Beaulieu, de Wurmser, d'Alvinzi et du prince Charles, le gagneur de batailles qui, en moins de deux ans, avait fait cent cinquante mille prisonniers, conquis cent soixante et dix drapeaux, pris cinq cent cinquante canons de gros calibre, six cents pièces de campagne, cinq équipages de pont ; l'ambitieux qui avait dit que l'Europe était une taupinière, et qu'il n'y avait jamais eu de grands empires et de grande révolution qu'en Orient ; l'aventureux capitaine qui, à vingt-neuf ans, déjà plus grand qu'Annibal et que Scipion, a voulu conquérir l'Égypte pour être aussi grand qu'Alexandre et que César, le voilà confisqué, supprimé, rayé de la liste des combattants ; à ce grand jeu de la guerre, il a enfin trouvé un joueur plus heureux ou plus habile que lui. Sur cet échiquier gigantesque du Nil, dont les pions sont des obélisques, les cavaliers des sphinx, les tours des pyramides, où les fous s'appellent Cambyse, les rois Sésostris, les reines Cléopâtre, il a été fait échec et mat !

Il est curieux de mesurer la terreur qu'imprimaient

aux souverains de l'Europe les deux noms de la France et de Bonaparte réunis, par les cadeaux que Nelson reçut de ces souverains, devenus fous de joie en voyant la France abaissée et en croyant Bonaparte perdu.

L'énumération en est facile; nous la copions sur une note écrite de la main même de Nelson :

De George III, la dignité de pair de la Grande-Bretagne et une médaille d'or;

De la Chambre des communes, pour lui et ses deux plus proches héritiers, le titre de baron du Nil et de Barnham-Thorpes, avec une rente de deux mille livres sterling commençant à courir du 1er août 1798, jour de la bataille;

De la Chambre des pairs, même rente, dans les mêmes conditions, à partir du même jour;

Du Parlement d'Irlande, une pension de mille livres sterling;

De la Compagnie des Indes orientales, dix mille livres une fois données;

Du sultan, une boucle en diamants avec la plume du triomphe, évaluée deux mille livres sterling, et une riche pelisse évaluée mille livres sterling;

De la mère du sultan, une boite enrichie de diamants, évaluée douze cents livres sterling;

Du roi de Sardaigne, une tabatière enrichie

de diamants, évaluée douze cents livres sterling ;

De l'île de Zante, une épée à poignée d'or et une canne à pomme d'or ;

De la ville de Palerme, une tabatière et une chaîne d'or, sur un plat d'argent ;

Enfin, de son ami Benjamin Hallowell, capitaine du *Swiftsure*, un présent tout anglais, qui manquerait trop à notre énumération si nous le passions sous silence.

Nous avons dit que le vaisseau *l'Orient* avait sauté en l'air ; Hallowell recueillit le grand mât et le fit porter à bord de son bâtiment ; puis, avec le mât et ses ferrements, il fit faire, par le charpentier et le serrurier du bord, un cercueil orné d'une plaque contenant ce certificat d'origine :

« Je certifie que ce cercueil est entièrement construit avec le bois et le fer du vaisseau *l'Orient*, dont le vaisseau de Sa Majesté sous mes ordres sauva une grande partie dans la baie d'Aboukir.

» BEN. HALLOWELL. »

Puis, de ce cercueil ainsi certifié, il fit don à Nelson avec et par cette lettre :

A l'honorable Nelson C. B.

« Mon cher seigneur,

» Je vous envoie, en même temps que la présente,

un cercueil taillé dans le mât du vaisseau français *l'Orient*, afin que vous puissiez, quand vous abandonnerez cette vie, reposer d'abord dans vos propres trophées. L'espérance que ce jour est encore éloigné est le désir sincère de votre obéissant et affectionné serviteur.

» BEN. HALLOWELL. »

De tous les dons qui lui furent offerts, hâtons-nous de dire que ce dernier parut être celui qui toucha le plus Nelson; il le reçut avec une satisfaction marquée, il le fit placer dans sa cabine, appuyé contre la muraille et précisément derrière le fauteuil où il s'asseyait pour manger. Un vieux domestique, que ce meuble posthume attristait, obtint de l'amiral qu'il fût transporté dans le faux pont.

Lorsque Nelson quitta, pour *le Fulminant*, le *Van-Guard*, horriblement mutilé, le cercueil, qui, n'avait point encore trouvé sa place sur le nouveau bâtiment, demeura quelques mois sur le gaillard d'avant. Un jour que les officiers du *Fulminant* admiraient le don du capitaine Hallowell, Nelson leur cria de sa cabine :

— Admirez tant que vous voudrez, messieurs, mais ce n'est pas pour vous qu'il est fait.

Enfin, à la première occasion qu'il trouva, Nelson

l'expédia à son tapissier, en Angleterre, le priant de le garnir immédiatement de velours, attendu que, pouvant, au métier qu'il faisait, en avoir l'emploi d'un moment à l'autre, il désirait le trouver tout prêt à l'heure où il en aurait besoin.

Inutile de dire que Nelson, tué sept ans plus tard à Trafalgar, fut enseveli dans ce cercueil.

Revenons à notre récit.

Nous avons dit que, par un bâtiment léger, Nelson avait expédié la nouvelle de la victoire d'Aboukir à Naples et à Londres.

Aussitôt la lettre de Nelson reçue, Emma Lyonna courut chez la reine Caroline et la lui tendit tout ouverte; celle-ci jeta les yeux dessus et poussa un cri ou plutôt un rugissement de bonheur; elle appela ses fils, elle appela le roi, elle courut comme une insensée dans les appartements, embrassant ceux qu'elle rencontrait, serrant dans ses bras la messagère de bonnes nouvelles et ne se lassant pas de répéter : « Nelson! brave Nelson! O sauveur! ô libérateur de l'Italie! Dieu te protége! le ciel te garde! »

Puis, sans s'inquiéter de l'ambassadeur français Garat, le même qui avait lu à Louis XVI sa sentence de mort et qui avait sans doute été envoyé par le Directoire comme un avertissement à la monarchie napolitaine, elle ordonna, croyant n'avoir plus rien à craindre de la France, de faire hautement, ostensiblement et au grand jour, tous les préparatifs nécessaires pour recevoir Nelson à Naples comme on reçoit un triomphateur.

Et, pour ne pas rester en arrière des autres souverains, elle qui croyait lui devoir plus que les autres, menacée qu'elle était doublement, et par la présence des troupes françaises à Rome et par la proclamation de la république romaine, elle fit soumettre à la signature du roi, par son premier ministre Acton, le brevet de duc de Bronte avec trois mille livres sterling de rente annuelle, tandis que le roi, en lui présentant ce brevet, se réservait d'offrir lui-même à Nelson l'épée donnée par Louis XIV à son fils Philippe V, lorsqu'il partit pour régner sur l'Espagne, et par Philippe V à son fils don Carlos, lorsqu'il partit pour conquérir Naples.

Outre sa valeur historique qui était inappréciable, cette épée, qui, d'après les instructions du roi Charles III, ne devait passer qu'au défenseur ou au sauveur de la monarchie des Deux-Siciles, était évaluée, à cause des diamants qui l'ornaient, à cinq mille livres sterling, c'est-à-dire à cent vingt-cinq mille francs de notre monnaie.

Quant à la reine, elle s'était réservé de faire à Nelson un cadeau que tous les titres, toutes les faveurs, toutes les richesses des rois de la terre ne pouvaient égaler pour lui; elle s'était réservé de lui donner cette Emma Lyonna, l'objet, depuis cinq années, de ses rêves les plus ardents.

En conséquence, le matin même de ce mémorable 22 septembre 1798, elle avait dit à Emma Lyonna, en écartant ses cheveux châtains pour baiser ce front menteur, si pur en apparence, qu'on l'eût pris pour celui d'un ange :

— Mon Emma bien-aimée, pour que je reste roi, et, par conséquent, pour que tu restes reine, il faut que cet homme soit à nous, et, pour que cet homme soit à nous, il faut que tu sois à lui.

Emma avait baissé les yeux, et, sans répondre, avait saisi les deux mains de la reine et les avait baisées passionnément.

Disons comment Marie-Caroline pouvait faire une telle prière, ou plutôt donner un tel ordre à lady Hamilton, ambassadrice d'Angleterre.

III

LE PASSÉ DE LADY HAMILTON

Dans le court et insuffisant portrait que nous avons essayé de tracer d'Emma Lyonna, nous avons dit : *l'étrange passé de cette femme*, et, en effet, nulle destinée ne fut plus extraordinaire que celle-là ; jamais passé ne fut tout à la fois plus sombre et plus éblouissant que le sien ; elle n'avait jamais su ni son âge précis, ni le lieu de sa naissance ; au plus loin que sa mémoire pouvait atteindre, elle se voyait enfant de trois ou quatre ans, vêtue d'une pauvre robe de toile, marchant pieds nus par une route de montagne, au milieu des brouillards et de la pluie d'un pays septentrional, s'attachant de sa petite main glacée aux vêtements de sa mère, pauvre paysanne qui la prenait entre ses bras lorsqu'elle était trop fatiguée, ou qu'il lui fallait traverser les ruisseaux qui coupaient le chemin.

Elle se souvenait d'avoir eu faim et froid dans ce voyage.

Elle se souvenait encore que, lorsqu'on traversiat

une ville, sa mère s'arrêtait devant la porte de quelque riche maison ou devant la boutique d'un boulanger ; que, là, d'une voix suppliante, elle demandait ou quelque pièce de monnaie qu'on lui refusait souvent, ou un pain qu'on lui donnait presque toujours.

Le soir, l'enfant et la mère faisaient halte à quelque ferme isolée et demandaient l'hospitalité, qu'on leur accordait, soit dans la grange, soit dans l'étable ; les nuits où l'on permettait aux deux pauvres voyageuses de coucher dans une étable étaient des nuits de fête ; l'enfant se réchauffait rapidement à la douce haleine des animaux, et presque toujours, le matin, avant de se remettre en route, recevait, ou de la fermière ou de la servante qui venait traire les vaches, un verre de lait tiède et mousseux, douceur à laquelle elle etait d'autant plus sensible qu'elle y était peu accoutumée.

Enfin la mère et la fille atteignirent la petite ville de Flint, but de leur course ; c'était là qu'étaient nés la mère d'Emma et John Lyons, son père. Ce dernier avait, cherchant du travail, quitté le comté de Flint pour celui de Chester ; mais le travail avait été peu productif. John Lyons était mort jeune et pauvre ; et sa veuve revenait à la terre natale pour voir si la terre natale lui serait hospitalière ou marâtre.

Dans des souvenirs plus rapprochés de trois ou

quatre ans, Emma se revoyait au penchant d'une colline gazonneuse et fleurie, faisant paître, pour une fermière des environs, chez laquelle sa mère était servante, un troupeau de quelques moutons, et séjournant de préférence près d'une source limpide, où elle se regardait complaisamment, couronnée par elle-même des fleurs champêtres qui s'épanouissaient autour d'elle.

Deux ou trois ans plus tard, et comme elle devait atteindre sa dixième année, quelque chose d'heureux était arrivé dans la famille. Un comte d'Halifax, qui sans doute, dans un de ses caprices aristocratiques, avait trouvé la mère d'Emma encore belle, envoya une petite somme dont partie était destinée au bien-être de la mère, partie à l'éducation de l'enfant; et Emma se souvenait d'avoir été conduite dans une pension de jeunes filles dont l'uniforme était un chapeau de paille, une robe bleu de ciel et un tablier noir.

Elle resta deux ans dans cette pension, y apprit à lire et à écrire, y étudia les premiers éléments de la musique et du dessin, arts dans lesquels, grâce à son admirable organisation, elle faisait de rapides progrès, lorsqu'un matin sa mère vint la chercher. Le comte d'Halifax était mort et avait oublié les deux femmes dans son testament. Emma ne pouvait plus rester en pension, la pension n'étant plus payée; il fallut que l'ex-pensionnaire se décidât à entrer comme bonne d'enfants dans la maison d'un certain Thomas Hawarden, dont la fille, en mourant jeune et veuve, avait laissé trois enfants orphelins.

Une rencontre qu'elle fit en promenant les enfants au bord du golfe décida de sa vie. Une célèbre courtisane de Londres, nommée miss Arabell, et un peintre d'un grand talent, son amant du jour, s'étaient arrêtés, le peintre pour faire le croquis d'une paysanne du pays de Galles, et miss Arabell pour lui regarder faire ce croquis.

Les enfants que conduisait Emma s'avancèrent curieusement et se haussèrent sur la pointe du pied pour voir ce que faisait le peintre. Emma les suivit; le peintre, en se retournant, l'aperçut et jeta un cri de surprise : Emma avait treize ans, et jamais le peintre n'avait rien vu de si beau.

Il demanda qui elle était, ce qu'elle faisait. Le commencement d'éducation qu'avait reçu Emma Lyonna lui permit de répondre à ces questions avec une certaine élégance. Il s'informa combien elle gagnait à soigner les enfants de M. Hawarden; elle lui répondit qu'elle était vêtue, nourrie, logée, et recevait dix schellings par mois.

— Venez à Londres, lui dit le peintre, et je vous donnerai cinq guinées chaque fois que vous consentirez à me laisser faire un croquis d'après vous.

Et il lui tendit une carte sur laquelle étaient écrits ces mots : « Edward Rowmney, Cavendish square, n° 8, » en même temps que miss Arabell tirait de sa ceinture une petite bourse contenant quelques pièces d'or et la lui offrait.

La jeune fille rougit, prit la carte, la mit dans sa poitrine; mais, instinctivement, elle repoussa la bourse.

Et, comme miss Arabell insistait, lui disant que cet argent servirait à son voyage de Londres :

— Merci, madame, dit Emma; si je vais à Londres, j'irai avec les petites économies que j'ai déjà faites et celles que je ferai encore.

— Sur vos dix schellings par mois? demanda miss Arabell en riant.

— Oui, madame, répondit simplement la jeune fille.

Et tout finit là.

Quelques mois après, le fils de M. Hawarden, M. James Hawarden, célèbre chirurgien de Londres, vint voir son père; lui aussi fut frappé de la beauté d'Emma Lyonna, et, pendant tout le temps qu'il resta dans la petite ville de Flint, il fut bon et affectueux pour elle; seulement, il ne l'exhorta point comme Rowmney à venir à Londres.

Au bout de trois semaines de séjour chez son père, il partit, laissant deux guinées pour la petite bonne d'enfants en récompense des soins qu'elle donnait à ses neveux.

Emma les accepta sans répugnance.

Elle avait une amie; cette amie s'appelait Fanny Strong et avait elle-même un frère qui s'appelait Richard.

Emma ne s'était jamais informée de ce que faisait son amie, quoiqu'elle fût mieux mise que ne semblait le permettre sa fortune; sans doute croyait-elle qu'elle prélevait sa toilette sur les bénéfices interlopes de son frère, qui passait pour un contrebandier.

Un jour qu'Emma — elle avait alors près de quatorze ans — s'était arrêtée devant la boutique d'un marchand de glaces pour se regarder dans un grand miroir servant de montre au magasin, elle se sentit toucher à l'épaule.

C'était son amie, Fanny Strong, qui la tirait ainsi de son extase.

— Que fais-tu là ? lui demanda-t-elle.

Emma rougit sans répondre. En répondant vrai, elle eût dû dire : « Je me regardais et me trouvais belle. »

Mais Fanny Strong n'avait pas besoin de réponse pour savoir ce qui se passait dans le cœur d'Emma.

— Ah! dit-elle en soupirant, si j'étais aussi jolie que toi, je ne resterais pas longtemps dans cet horrible pays.

— Où irais-tu? lui demanda Emma.

— J'irais à Londres, donc! Tout le monde dit qu'avec une jolie figure, on fait fortune à Londres. Vas-y, et, quand tu seras millionnaire, tu me prendras pour ta femme de chambre.

— Veux-tu que nous y allions ensemble? demanda Emma Lyonna.

— Volontiers; mais comment faire? Je ne possède pas six pence, et je ne crois pas Dick beaucoup plus riche que moi.

— Moi, dit Emma, j'ai près de quatre guinées.

— C'est plus qu'il ne nous faut pour toi, moi et Dick! s'écria Fanny.

Et le voyage fut résolu.

Le lundi suivant, sans rien dire à personne, les trois fugitifs prirent, à Chester, la diligence de Londres.

En arrivant au bureau où descendait la diligence de Chester, Emma partagea les vingt-deux schellings qui lui restaient entre Fanny Strong et elle.

Fanny Strong et son frère avaient l'adresse d'une auberge où logeaient les contrebandiers; c'était dans la petite rue de Villiers, aboutissant d'un côté à la

Tamise et de l'autre au Strand, qu'était située cette auberge. Emma laissa Dick et Fanny chercher leur logement ; elle prit une voiture et se fit conduire Cavendish square, n° 8.

Edward Rowmney était absent ; on ne savait pas où il était ni quand il reviendrait ; on le croyait en France, et on ne l'attendait pas avant deux mois.

Emma resta étourdie. Cette éventualité si naturelle de l'absence de Rowmney ne s'était pas même présentée à son esprit. Une lueur lui traversa le cerveau ; elle pensa à M. James Hawarden, le célèbre chirurgien qui, en quittant la maison de son père, avait, avec tant de bonté, laissé les deux guinées qui avaient servi à payer la majeure partie des dépenses du voyage.

Il ne lui avait pas donné son adresse ; mais deux ou trois fois elle avait porté à la poste les lettres qu'il écrivait à sa femme.

Il demeurait Leicester square, n° 4.

Elle remonta en voiture, se fit conduire à Leicester square, peu distant de Cavendish square, frappa en tremblant à la porte. Le docteur était chez lui.

Elle trouva le digne homme tel qu'elle l'espérait ; elle lui dit tout, et il eut pitié, promit de s'employer à la protéger, et, en attendant, il la reçut sous son toit, l'admit à sa table, et la donna pour demoiselle de compagnie à mistress Hawarden.

Un matin, il annonça à la jeune fille qu'il avait trouvé pour elle une place dans un des premiers magasins de bijouterie de Londres ; mais, la veille du jour où Emma devait entrer dans ce magasin, il voulut lui faire la fête de la conduire au spectacle.

La toile, en se levant devant elle au théâtre de Drury-Lane, lui montra un monde inconnu ; on jouait *Roméo et Juliette*, ce rêve d'amour qui n'a son pareil dans aucune langue ; elle rentra folle, éblouie, enivrée ; elle passa la nuit sans dormir une seule seconde, essayant de se rappeler quelques fragments des deux merveilleuses scènes du balcon.

Le lendemain, elle entra dans son magasin ; mais, avant d'y entrer, elle demanda à M. Hawarden où elle pourrait acheter la pièce qu'elle avait vu représenter la veille. M. Hawarden alla à sa bibliothèque, y prit un Shakspeare complet et le lui donna.

Au bout de trois jours, elle savait par cœur le rôle de Juliette ; elle rêvait par quels moyens elle pourrait retourner au théâtre et s'enivrer une seconde fois de ce doux poison que forme le magique mélange de l'amour et de la poésie ; elle voulait à tout prix rentrer dans ce monde enchanté qu'elle n'avait qu'entrevu, lorsqu'un splendide équipage s'arrêta devant la porte du magasin. Une femme en descendit, entra de ce pas dominateur que donne la richesse. Emma jeta un cri de surprise : elle avait reconnu miss Arabell.

Miss Arabell, de son côté, la reconnut, ne dit rien, acheta pour sept ou huit cents livres sterling de bijoux, et invita le marchand à lui envoyer ses emplettes par sa nouvelle demoiselle de magasin, indiquant l'heure à laquelle elle serait rentrée.

La nouvelle demoiselle de magasin, c'était Emma.

A l'heure dite, on la fit monter en voiture avec les écrins, et on l'envoya à l'hôtel de miss Arabell.

La belle courtisane l'attendait ; sa fortune était au comble : elle était la maitresse du prince régent, âgé de dix-sept ans à peine.

Elle se fit tout raconter par Emma, puis lui demanda si, en attendant le retour de Rowmney, elle ne préférait pas rester chez elle pour la distraire dans ses heures d'ennui, plutôt que de retourner au magasin. Emma ne demanda qu'une chose, ce fut s'il lui serait permis d'aller au théâtre. Miss Arabell lui répondit que, tous les jours où elle n'irait point au spectacle elle-même, sa loge serait à sa disposition.

Puis elle envoya payer les bijoux et fit dire qu'elle gardait Emma. Le joaillier dont miss Arabell était une des meilleures pratiques, n'eut garde de se brouiller avec elle pour si peu de chose.

Par quel étrange caprice la courtisane à la mode conçut-elle cet imprudent désir, cet inconcevable caprice, d'avoir cette belle créature auprès d'elle ? Les ennemis de miss Arabell — et sa haute fortune lui en avait fait beaucoup — donnèrent à cette fantaisie une explication que la Phryné anglaise, convertie en Sappho, ne se donna pas même la peine de démentir.

Pendant deux mois, Emma resta chez la belle courtisane, lut tous les romans qui lui tombèrent sous la main, fréquenta tous les théâtres, et, rentrée dans sa chambre, répéta tous les rôles qu'elle avait entendus, mima tous les ballets auxquels elle avait assisté ; ce qui n'était pour les autres qu'une récréation devenait pour elle une occupation de toutes les heures ; elle venait d'atteindre sa quinzième année, elle était dans toute la fleur de sa jeunesse et de sa beauté ; sa taille souple, harmonieuse, se pliait à toutes les poses, et par ses ondulations naturelles, atteignait les artifice des plus habiles danseuses. Quant à son visage, qui, malgré les vicissitudes de la vie, conserva toujours les couleurs immaculées de l'enfance, le velouté virginal de la pudeur, doué par l'impressionnabilité de sa physionomie d'une suprême mobilité, il devenait, dans la mélancolie une douleur, dans la joie un éblouissement. On eût dit que la candeur de l'âme transparaissait sous la pureté des traits, si bien qu'un grand poëte de notre époque, hésitant à ternir ce miroir céleste, a dit, en parlant de sa première faute : « Sa chute ne fut point dans le vice, mais dans l'imprudence et la bonté. »

La guerre que l'Angleterre soutenait, à cette époque, contre les colonies américaines, était dans sa plus grande activité et la *presse* s'exerçait dans toute sa rigueur. Richard, le frère de Fanny, pour nous servir du terme consacré, Richard fut *pressé* et fait marin malgré lui. Fanny accourut réclamer l'assistance de son amie; elle la trouvait si belle, qu'elle était convaincue que personne ne pourrait résister à sa prière; Emma fut suppliée d'exercer sa séduction sur l'amiral John Payne.

Emma sentit se révéler sa vocation tentatrice; elle revêtit sa robe la plus élégante et alla avec son amie trouver l'amiral : elle obtint ce qu'elle demandait; mais l'amiral, lui aussi, demanda, et Emma paya la liberté de Dick, sinon de son amour, du moins de sa reconnaissance.

Emma Lyonna, maîtresse de l'amiral Payne, eut une maison à elle, des domestiques à elle, des chevaux à elle; mais cette fortune eut l'éclat et la rapidité d'un météore : l'escadre partit, et Emma vit le vaisseau de son amant lui enlever, en disparaissant à l'horizon, tous ses songes dorés.

Mais Emma n'était pas femme à se tuer comme Didon pour un volage Énée. Un des amis de l'amiral, sir Harry Fatherson, riche et beau gentleman, offrit à Emma de la maintenir dans la position où il l'avait trouvée. Emma avait fait le premier pas sur le brillant chemin du vice ; elle accepta, devint, pendant une saison entière, la reine des chasses, des fêtes et des danses ; mais, la saison finie, oubliée de son second amant, avilie par un second amour, elle tomba peu à peu dans une telle misère, qu'elle n'eut plus pour ressource que le trottoir de Haymarket, le plus fangeux de tous les trottoirs pour les pauvres créatures qui mendient l'amour des passants.

Par bonheur, l'entremetteuse infâme à laquelle elle s'était adressée pour entrer dans le commerce de la dépravation publique, frappée de la distinction et de la modestie de sa nouvelle pensionnaire, au lieu de la prostituer comme ses compagnes, la conduisit chez un célèbre médecin, habitué de sa maison.

C'était le fameux docteur Graham, sorte de charlatan mystique et voluptueux, qui professait devant la jeunesse de Londres la religion matérielle de la beauté.

Emma lui apparut; sa Vénus Astarté était trouvée sous les traits de la Vénus pudique.

Il paya cher ce trésor ; mais, pour lui, ce trésor n'avait pas de prix ; il la coucha sur le lit d'Apollon; il la couvrit d'un voile plus transparent que le filet sous lequel Vulcain avait retenu Vénus captive aux yeux de l'Olympe, et annonça dans tous les journaux qu'il possédait enfin ce spécimen unique et suprême de beauté qui lui avait manqué jusqu'à présent pour faire triompher ses théories.

A cet appel fait à la luxure et à la science, tous les adeptes de cette grande religion de l'amour, qui étend son culte sur le monde entier, accoururent dans le cabinet du docteur Graham.

Le triomphe fut complet : ni la peinture, ni la sculpture n'avaient jamais produit un semblable chef-d'œuvre; Apelles et Phidias étaient vaincus.

Les peintres et les sculpteurs abondèrent. Rowmney, de retour à Londres, vint comme les autres et reconnut sa jeune fille du comté de Flint. Il la peignit sous toutes les formes, en Ariane, en bacchante, en Léda, en Armide, et nous possédons à la Bibliothèque impériale une collection de gravures qui représentent l'enchanteresse dans toutes les attitudes voluptueuses qu'inventa la sensuelle antiquité.

Ce fut alors que, attiré par la curiosité, le jeune

sir Charles Grenville, de l'illustre famille de ce Warwick qu'on appelait le faiseur de rois, et neveu de sir William Hamilton, vit Emma Lyonna, et, dans l'éblouissement que lui causait une si complète beauté, en devint éperdument amoureux. Les plus brillantes promesses furent faites à Emma par le jeune lord; mais elle prétendit être enchaînée au docteur Graham par le lien de la reconnaissance et résista à toutes les séductions, déclarant qu'elle ne quitterait cette fois son amant que pour suivre un époux.

Sir Charles engagea sa parole de gentilhomme de devenir l'époux d'Emma Lyonna, dès qu'il aurait atteint sa grande majorité. En attendant, Emma consentit à un enlèvement.

Les amants vécurent, en effet, comme mari et femme, et, sur la parole de leur père, trois enfants naquirent qui devaient être légitimés par le mariage.

Mais, pendant cette cohabitation, un changement de ministère fit perdre à Grenville un emploi auquel était attachée la majeure partie de ses revenus. L'événement arriva par bonheur au bout de trois ans et quand, grâce aux meilleurs professeurs de Londres, Emma Lyonna avait fait d'immenses progrès dans la musique et le dessin; elle avait en outre, tout en se perfectionnant dans sa propre langue, appris le français et l'italien; elle disait les vers comme mistress Siddons, et était arrivée à la perfection dans l'art de la pantomime et des poses.

Malgré la perte de sa place, Grenville n'avait pu se résoudre à diminuer ses dépenses; seulement, il écrivit à son oncle pour lui demander de l'argent. A chacune de ses demandes, son oncle fit droit d'abord; mais enfin, à une dernière, sir William Hamilton, répondit qu'il comptait sous peu de jours partir pour Londres, et qu'il profiterait de ce voyage pour *étudier* les affaires de son neveu.

Ce mot *étudier* avait fort effrayé les jeunes gens; ils désiraient et craignaient presque également l'arrivée de sir William. Tout à coup, il entra chez eux sans qu'ils eussent été prévenus de son retour. Depuis huit jours, il était à Londres.

Ces huit jours, sir William les avait employés à prendre des informations sur son neveu, et ceux auxquels il s'était adressé n'avaient pas manqué de lui dire que la cause de ses désordres et de sa misère était une prostituée dont il avait eu trois enfants.

Emma se retira dans sa chambre et laissa son amant seul avec son oncle, qui ne lui offrit d'autre alternative que d'abandonner à l'instant même Emma Lyonna, ou de renoncer à sa succession, qui était désormais sa seule fortune.

Puis il se retira, en donnant trois jours à son neveu pour se décider.

Tout l'espoir des jeunes gens résidait désormais dans Emma ; c'était à elle d'obtenir de sir William Hamilton le pardon de son amant, en montrant combien il était pardonnable.

Alors Emma, au lieu de revêtir les habits de sa nouvelle condition, reprit l'habillement de sa jeunesse, le chapeau de paille et la robe de bure ; ses larmes, ses sourires, le jeu de sa physionomie, ses caresses et sa voix feraient le reste.

Introduite près de sir William, Emma se jeta à ses pieds ; soit mouvement adroitement combiné, soit effet du hasard, les cordons de son chapeau se dénouèrent, et ses beaux cheveux châtains se répandirent sur ses épaules.

L'enchanteresse était inimitable dans la douleur.

Le vieil archéologue, amoureux jusqu'alors seulement des marbres d'Athènes et des statues de la Grande Grèce, vit pour la première fois la beauté vivante l'emporter sur la froide et pâle beauté des déesses de Praxitèle et de Phidias. L'amour qu'il n'avait pas voulu comprendre chez son neveu, entra violemment dans son propre cœur et s'empara de lui tout entier sans qu'il tentât encore de s'en défendre.

Les dettes de son neveu, l'infimité de la naissance,

les scandales de la vie, la publicité des triomphes, la vénalité des caresses : tout, jusqu'aux enfants nés de leur amour, sir William accepta tout, à la seule condition qu'Emma récompenserait de sa possession le complet oubli de sa propre dignité.

Emma avait triomphé bien au delà de son espérance; mais, cette fois, elle fit ses conditions complètes; une seule promesse de mariage l'avait unie au neveu : elle déclara qu'elle ne viendrait à Naples que femme reconnue de sir William Hamilton.

Sir William consentit à tout.

La beauté d'Emma fit à Naples son effet accoutumé; non-seulement elle étonna, mais elle éblouit.

Antiquaire et minéralogiste distingué, ambassadeur de la Grande-Bretagne, frère de lait et ami de George III, sir William réunissait chez lui la première société de la capitale des Deux-Siciles en hommes de science, en hommes politiques et en artistes. Peu de jours suffirent à Emma, si artiste elle-même, pour savoir, de la politique et de la science, ce qu'elle avait besoin d'en savoir, et bientôt, pour tous ceux qui fréquentaient le salon de sir William, les jugements d'Emma devinrent des lois.

Son triomphe ne dut pas s'arrêter là. A peine fut-elle présentée à la cour, que la reine Marie-Caroline la proclama son amie intime et en fit son inséparable favorite. Non-seulement la fille de Marie-Thérèse se montrait en public avec la prostituée de Haymarket, parcourait la rue de Tolède et la promenade de Chiaïa dans le même carrosse qu'elle et portant la même toilette qu'elle, mais, après les soirées employées à reproduire les poses les plus voluptueuses et les plus ardentes de l'antiquité, elle faisait dire à sir William, tout enorgueilli d'une pareille faveur, qu'elle ne lui rendrait que le lendemain l'amie dont elle ne pouvait se passer.

De là des jalousies et des haines sans nombre contre la favorite. Caroline savait quels insolents propos circulaient au sujet de cette merveilleuse et soudaine intimité ; mais elle était un de ces cœurs absolus, une de ces âmes vaillantes qui, la tête haute, affrontent la calomnie et même la médisance, et quiconque voulut être bien accueilli par elle dut partager ses hommages entre Acton, son amant, et sa favorite Emma Lyonna.

On sait les événements de 89, c'est-à-dire la prise de la Bastille et le retour de Versailles, ceux de 93, c'est-à-dire la mort de Louis XVI et de Marie-Antoinette, ceux de 96 et de 97, c'est-à-dire les victoires de Bonaparte en Italie, victoires qui ébranlèrent tous les trônes, et qui firent, momentanément du moins, crouler le plus vieux et le plus immuable de tous : le trône pontifical.

On a vu, au milieu de ces événements qui avaient un retentissement si terrible à la cour de Naples, apparaitre et grandir Nelson, champion des royautés vieillies. Sa victoire d'Aboukir rendait l'espoir à tous ces rois, qui avaient déjà mis la main sur leurs couronnes vacillantes. Or, à tout prix, Marie-Caroline, la femme avide de richesses, de pouvoir, d'ambition, voulait conserver la sienne ; il n'est donc pas étonnant qu'appelant à son aide la fascination qu'elle exerçait sur son amie, elle ait dit à lady Hamilton, le matin même du jour où elle la conduisait au-devant de Nelson, devenu la clef de voûte du despotisme : « Il faut que cet homme soit à nous, et, pour qu'il soit à nous, il faut que tu sois à lui. »

Était-ce bien difficile à lady Hamilton de faire pour son amie Marie-Caroline, à propos de l'amiral Horace Nelson, ce qu'Emma Lyonna avait fait pour son amie Fanny Strong, à propos de l'amiral Payne ?

Ce dut être, au reste, une glorieuse récompense de ses mutilations pour le fils d'un pauvre pasteur de Barnham-Thorpe, pour l'homme qui devait sa grandeur à son propre courage et sa renommée à son génie ; ce dut être une glorieuse récompense des blessures reçues, que de voir venir au-devant de lui ce roi, cette reine, cette cour, et, récompense de ses victoires, cette magnifique créature qu'il adorait.

IV

LA FÊTE DE LA PEUR.

Nous avons vu, au coup de canon tiré à bord du *Van-Guard*, presque aussi mutilé que son maître, au pavillon britannique hissé à sa corne, nous avons vu que Nelson avait reconnu le royal cortége qui venait au-devant de lui.

La galère capitane n'avait rien eu à hisser : depuis Naples, les couleurs d'Angleterre, mêlées à celles des Deux-Siciles, flottaient à ses mâts.

Lorsque les deux bâtiments ne furent plus qu'à une encablure l'un de l'autre, la musique de la galère fit entendre le *Gode save the king*, auquel les matelots du *Van-Guard*, montés sur les vergues, répondirent par trois hourras poussés avec la régularité que les Anglais apportent dans cette officielle démonstration.

Nelson ordonna de mettre en panne afin de laisser arriver la galère côte à côte du *Van-Guard*, fit abattre l'escalier de tribord, c'est-à-dire l'escalier d'honneur, et attendit au haut de cet escalier, la tête découverte et le chapeau à la main.

Tous les matelots et tous les soldats de marine, même ceux qui, pâles et souffrants, étaient encore mal guéris de leurs blessures furent appelés sur le pont et, rangés sur une triple file, présentèrent les armes.

Nelson s'attendait à voir monter à son bord le roi, puis la reine, puis le prince royal, c'est-à-dire à recevoir les illustres visiteurs selon toutes les règles de l'étiquette ; mais, par une séduction toute féminine, — et Nelson, dans une lettre à sa femme, consigne ce fait, — la reine poussa la belle Emma, qui, rougissant d'être en cette occasion plus que la reine, monta l'escalier, et, soit émotion réelle, soit comédie bien jouée, en revoyant Nelson avec une blessure de plus, le front ceint d'un bandeau noir, pâle du sang perdu, jeta un cri, pâlit elle-même, et, près de s'évanouir, s'affaissa sur la poitrine du héros en murmurant :

— O grand, ô cher Nelson !

Nelson laissa tomber son chapeau, et, avec un cri de joyeux étonnement, l'enveloppa de son bras unique, et, en la soutenant, la pressa convulsivement contre son cœur.

Dans l'extase profonde où le jeta cet incident inattendu, il y eut un instant, pour Nelson, oubli du monde entier et perception ineffable de toutes les joies, sinon du ciel des chrétiens, au moins du paradis de Mahomet.

Lorsqu'il revint à lui, le roi, la reine et toute la cour étaient à son bord, et la scène se généralisa.

Le roi Ferdinand lui prit la main, l'appela le libérateur du monde; il lui tendit la magnifique épée dont il lui faisait don, et à la poignée de laquelle, avec le grand cordon du Mérite de Saint-Ferdinand, que le roi venait de créer, était suspendu le brevet de duc de Bronte, flatterie toute féminine trouvée par la reine, titre équivalent à celui de duc du Tonnerre, Bronte étant un des trois cyclopes qui forgeaient, dans les cavernes flamboyantes de l'Etna, la foudre de Jupiter.

Puis vint la reine, qui l'appela son ami, le protecteur des trônes, le vengeur des rois, et qui, réunissant dans les siennes la main de Nelson à celle d'Emma Lyonna, serra leurs deux mains réunies.

Les autres vinrent à leur tour : princes héréditaires, princesses royales, ministres, courtisans; mais qu'étaient leurs louanges et leurs caresses pour Nelson, près des louanges et des caresses du roi et de la reine, près d'un serrement de main d'Emma Lyonna !

Il fut convenu que Nelson descendrait à bord de la galère capitane, qui, grâce à ses vingt-quatre rameurs, devait marcher plus vite qu'un bâtiment à voiles;

mais, avant tout, Emma lui demanda, au nom de la reine, de visiter dans tous ses détails ce glorieux *Van-Guard*, sur lequel les boulets français avaient creusé de glorieuses blessures qui, pareilles à celle de son commandant, n'étaient pas encore fermées.

Nelson fit les honneurs de son vaisseau avec l'orgueil d'un marin, et, pendant toute cette visite, lady Hamilton fut appuyée à son bras, lui faisant raconter au roi et à la reine tous les détails du combat du 1er août, et le forçant à parler de lui-même.

Le roi, de ses mains, ceignit Nelson de l'épée de Louis XIV ; la reine lui remit le brevet de duc de Bronte ; Emma lui passa au cou le grand cordon de Saint-Ferdinand, opération pendant laquelle elle ne put empêcher ses beaux cheveux parfumés d'effleurer le visage du bienheureux Nelson.

Il était deux heures de l'après-midi, il fallait trois heures à peu près pour regagner Naples. Nelson remit le commandement du *Van-Guard* à Henry, son capitaine de pavillon, et, au bruit de la musique et de l'artillerie, descendit dans la galère royale, qui, légère comme un oiseau de mer, se détacha des flancs du colosse et glissa gracieusement à la surface de la mer.

C'était à l'amiral Caracciolo à faire à son tour les honneurs du bâtiment ; Nelson et lui étaient de vieilles connaissances : ils s'étaient vus au siége de Toulon, ils avaient combattu tous deux les Français, et le courage et l'habileté qu'avait déployés Caracciolo dans ce combat, lui avaient, malgré le mauvais résultat de la campagne, valu, à son retour, le grade d'amiral, qui le faisait, en tous points, l'égal de Nelson, sur lequel lui restait l'avantage de la naissance et d'une illustration historique de trois siècles.

Ce petit détail explique la nuance de froideur qu'il y eut dans le salut qu'échangèrent les deux amiraux et l'espèce de hâte avec laquelle François Caracciolo reprit sur le banc de quart son poste de commandement.

Quant à Nelson, la reine le força à s'asseoir près d'elle, sous la tente de pourpre de la galère, déclarant que les autres hommes pouvaient devenir ce qu'ils voudraient, mais que l'amiral lui appartenait sans partage, à elle et à son amie. Sur quoi, selon son habitude, Emma prit place aux pieds de la reine.

Pendant ce temps, sir William Hamilton, qui, en sa qualité de savant, connaissait mieux l'histoire de Naples que le roi lui-même, expliquait à Ferdinand comment l'île de Capri, devant laquelle on passait en ce moment, avait été achetée aux Napolitains ou plutôt échangée contre celle d'Ischia par Auguste, qui avait remarqué qu'au moment où il abordait dans cette île, les branches d'un vieux chêne, desséchées et courbées vers la terre, s'étaient relevées et avaient reverdi.

Le roi écouta sir William Hamilton avec la plus grande attention; puis, quand il eut fini :

— Mon cher ambassadeur, lui dit-il, depuis trois jours, le passage des cailles est commencé; si vous voulez, dans une semaine, nous viendrons faire une chasse à Capri : nous en trouverons des milliers.

L'ambassadeur, qui était grand chasseur lui-même et qui devait à cette qualité surtout la haute faveur dont il jouissait près du roi, s'inclina en signe d'assentiment et garda pour une meilleure occasion une savante dissertation archéologique sur Tibère, ses douze villas et la probabilité que la Grotte d'azur était connue des anciens, mais n'avait point alors la magique couleur qui la décore aujourd'hui et qu'elle doit au changement de niveau de la mer, qui, pendant les dix-huit siècles écoulés de Tibère jusqu'à nous, s'est élevé de cinq ou six pieds.

Pendant ce temps, les commandants des quatre forts de Naples avaient leurs longues-vues fixées sur la flottille royale, et particulièrement sur la galère capitane, et, quand ils virent celle-ci virer de bord et mettre le cap sur Naples, jugeant que Nelson y était descendu, ils ordonnèrent un immense salut de cent un coups de canon, le plus honorable de tous, puisque c'est le même que celui qui se fait entendre lorsqu'un héritier naît à la couronne.

Au bout d'un quart d'heure, les salves s'arrêtèrent, mais pour recommencer au moment où la flottille, toujours guidée par la galère royale, rentra dans le port militaire.

Au pied de la pente conduisant au château, les voitures de la cour et celles de l'ambassade d'Angleterre attendaient, les voitures de l'ambassade rivalisant de luxe avec les voitures royales. Il avait été convenu que, ce jour-là, le roi et la reine des Deux-Siciles cédaient tous leurs droits à sir William et à lady Hamilton, que Nelson descendrait à l'ambassade d'Angleterre, et que c'était l'ambassadeur d'Angleterre qui donnerait le dîner et la fête qui en était la suite.

Quant à la ville de Naples, elle devait s'unir à cette fête par ses illuminations et ses feux d'artifice.

Avant de mettre pied à terre, lady Hamilton s'avança vers l'amiral Caracciolo, et, de sa voix la plus douce et avec sa figure la plus gracieuse :

— La fête que nous donnons à notre illustre compatriote serait incomplète, dit-elle, si le seul homme de mer qui puisse rivaliser avec lui ne se joignait point à nous, pour célébrer sa victoire et porter un toast à la grandeur de l'Angleterre, au bonheur des Deux-Siciles et à l'abaissement de cette orgueilleuse république française qui a osé déclarer la guerre aux rois. Ce toast, nous l'avons réservé à l'homme qui a si courageusement combattu à Toulon, à l'amiral Caracciolo.

Caracciolo s'inclina courtoisement mais gravement.

— Milady, dit-il, je regrette sincèrement de ne pouvoir accepter comme votre hôte la glorieuse part que vous me réserviez ; mais autant la journée a été belle, autant la nuit menace d'être orageuse.

Emma Lyonna parcourut l'horizon d'un seul regard ; à part quelques légers nuages accourant du côté de Procida, l'azur du ciel était aussi limpide que celui de ses yeux.

Elle sourit.

— Vous doutez de mes paroles, milady, reprit Caracciolo ; mais l'homme qui a passé les deux tiers de sa vie sur cette mer capricieuse que l'on appelle la Méditerranée, connait tous les secrets de l'atmosphère. Voyez-vous ces légères vapeurs qui glissent au ciel et qui s'approchent rapidement de nous, elles indiquent que le vent, qui était nord-ouest, tourne à l'ouest. Vers dix heures du soir, il soufflera du midi, c'est à dire qu'il fera sirocco ; le port de Naples est ouvert à tous les vents et particulièrement à celui-là ; je dois donc veiller à l'ancrage des bâtiments de Sa Majesté Britannique, qui, déjà fort maltraités par la bataille, pourraient ne pas avoir conservé assez de forces pour résister à la tempête. Ce que nous avons fait aujourd'hui, milady, c'est une belle et bonne déclaration de guerre à la France, et les Français sont à Rome, c'est-à-dire à cinq journées de nous. Croyez-moi, d'ici à peu de jours, nous aurons besoin que nos deux flottes soient en bon état.

Lady Hamilton fit un léger mouvement de tête qui ressemblait à une contraction.

— Prince dit-elle, j'accepte votre excuse, qui prouve une si grande sollicitude pour les intérêts de Leurs Majestés Britannique et Sicilienne ; mais, tout au moins, nous espérons voir au bal votre charmante nièce, Cecilia Caracciolo, qui, du reste, n'aurait pas d'excuse, ayant été prévenue que nous comptions sur elle le jour même où nous avons reçu la lettre de l'amiral Nelson.

— Eh ! justement, madame, voilà ce qui me restait à vous dire. Depuis quelques jours, sa mère, ma belle-sœur, est tellement souffrante, que, ce matin, avant de partir, j'ai reçu une lettre de la pauvre Cecilia, laquelle m'exprime tous ses regrets de ne pouvoir prendre sa part de votre fête ; elle me chargeait, en outre, de présenter ses excuses à Votre Seigneurie, et c'est ce que j'ai l'honneur de faire en ce moment.

Pendant ces quelques paroles échangées entre

lady Hamilton et François Caracciolo, la reine s'était approchée, avait écouté, avait entendu, et, comprenant le motif du double refus de l'austère Napolitain, son front s'était plissé, sa lèvre inférieure s'était allongée et une légère pâleur avait envahi son visage.

— Prenez garde, prince! dit la reine d'une voix stridente et avec un sourire menaçant comme ces légers nuages que l'amiral avait fait remarquer à lady Hamilton, et qui annonçaient l'approche de la tempête; prenez garde! les seules personnes qui seront venues à la fête de lady Hamilton seront invitées aux fêtes de la cour.

— Hélas! madame, répondit Caracciolo sans que sa sérénité parût le moins du monde altérée par cette menace, l'indisposition de ma pauvre belle-sœur est tellement grave, que, les fêtes données par Votre Majesté à Sa Seigneurie milord Nelson durassent-elles un mois, elle ne pourra y assister, ni ma nièce par conséquent, puisqu'une jeune fille de son âge et de son nom ne peut, même chez la reine, paraître séparée de sa mère.

— C'est bien, monsieur, répondit la reine incapable de se contenir; en temps et lieu, nous nous souviendrons de ce refus.

Et, prenant le bras de lady Hamilton:

— Venez, chère Emma, dit-elle.

5.

Puis, à demi-voix :

— Oh ! ces Napolitains ! ces Napolitains ! murmura-t-elle, ils me haïssent, je le sais bien ; mais je ne suis pas en arrière avec eux : moi, je les exècre !

Et elle s'avança d'un pas rapide vers l'escalier de tribord, mais point si rapide cependant que l'amiral Caracciolo ne l'y devançât.

Un signe de lui fit éclater la musique en brillantes fanfares ; les canons tonnèrent de nouveau, les cloches s'ébranlèrent toutes à la fois, et la reine, la rage dans le cœur, et Emma, la honte sur le front, descendirent au milieu de toutes les apparences extérieures de la joie et du triomphe.

Le roi, la reine, Emma Lyonna, Nelson montèrent dans la première voiture ; le prince, la princesse -royale, sir William Hamilton et le ministre Jean Acton, dans la seconde ; tous les autres, à leur choix, dans les voitures de suite.

On se rendit d'abord et directement à l'église Sainte-Claire, afin d'y entendre un *Te Deum* d'action de grâces. En leur qualité d'hérétiques, Horace Nelson, sir William et Emma Lyonna se fussent volontiers passés de cette cérémonie ; mais le roi était trop bon chrétien, surtout quand il avait peur, pour permettre qu'on l'oubliât.

Le *Te Deum* était chanté par monseigneur Capece

Zurlo, archevêque de Naples, excellent homme auquel, au point de vue du roi et de la reine des Deux-Siciles, on ne pouvait reprocher qu'une trop grande tendance vers les idées libérales; il était assisté, dans l'accomplissement de ce triomphant office, par une autre sommité ecclésiastique, par le cardinal Fabrizio Ruffo, lequel n'était encore, à cette époque, connu que par les scandales de sa vie publique et privée.

Aussi, tout le temps que dura le *Te Deum*, fut-il employé par sir William Hamilton, aussi grand collecteur d'anecdotes scandaleuses que de curiosités archéologiques, à mettre lord Nelson au courant des aventures de l'illustre *porporato*.

Voici, au reste, ce qu'il lui apprit et ce qu'il est important que nos lecteurs sachent sur cet homme, destiné à jouer un si grand rôle dans le cours des événements que nous avons à raconter.

Un proverbe italien destiné à glorifier les grandes familles et à constater leur ancienneté historique dit : « Les apôtres à Venise, les Bourbons en France, les Colonna à Rome, les San-Severini à Naples, les Ruffo en Calabre.

Le cardinal Fabrizio Ruffo appartenai cette illustre famille.

Un soufflet donné par lui, dans son enfance, au bel Ange Braschi, lequel, plus tard, devint pape sous le nom de Pie VI, fut la source de sa fortune.

Il était neveu du cardinal Tommaso Ruffo, doyen du sacré collége. Un jour, Braschi, alors trésorier de Sa Sainteté, prit sur ses genoux l'enfant de son protecteur, et, comme le petit Ruffo voulait jouer avec les beaux cheveux blonds du trésorier et que celui-ci, en relevant la tête, lui faisait éprouver un supplice pareil à celui de Tantale, l'enfant, au moment où Braschi abaissait la tête vers lui, au lieu d'essayer de saisir les boucles de ses cheveux, comme il avait fait jusque-là, lui appliqua de toutes ses petites forces un vigoureux soufflet.

Trente ans plus tard, Braschi, devenu pape, retrouva dans l'homme de trente-quatre ans l'enfant qui l'avait souffleté. Il se souvint que c'était le neveu du protecteur auquel il devait tout, et il le fit ce qu'il était lui-même au moment où il avait reçu ce soufflet, c'est-à-dire trésorier du saint-siége, poste d'où l'on ne sort que cardinal.

Fabrizio Ruffo mena si bien la trésorerie, qu'au bout de trois ou quatre ans, on s'aperçut d'un déficit de trois ou quatre millions : c'était un million par an. Pie VI vit qu'il avait meilleur marché de nommer Ruffo cardinal que de le laisser trésorier ; il lui envoya le chapeau rouge et lui fit redemander la clef du trésor.

Ruffo, cardinal à trente mille francs par an au lieu de trésorier à un million, ne voulut point rester à Rome pour y faire la figure d'un homme ruiné; il partit pour Naples, et, muni d'une lettre du pape Pie VI, vint demander un emploi à Ferdinand, dont, en sa qualité de Calabrais, il était le sujet.

Consulté sur ses aptitudes, Ruffo répondit qu'elles étaient toutes guerrières, que c'était lui qui avait fortifié Ancône et inventé une nouvelle manière de rougir les boulets; il demandait donc ou plutôt désirait un emploi à la guerre ou à la marine.

Mais Ruffo n'avait pas eu le don de plaire à la reine, et, comme c'était la reine qui, par la signature de son favori Acton, premier ministre, nommait aux emplois de la marine et de la guerre, Ruffo fut inexorablement repoussé, même des emplois inférieurs.

Le roi alors, pour faire honneur à la recommandation de Pie VI, nomma le cardinal directeur de sa manufacture de soieries de San-Leucio.

Si étrange que fût ce poste pour un cardinal, surtout lorsque l'on approfondissait le mystère qui avait présidé à la formation de cette colonie, Ruffo accepta. Ce qu'il lui fallait avant tout, c'était de l'argent, et le roi avait attaché au titre de directeur de la colonie de San-Leucio, une abbaye rapportant vingt-mille livres de rente.

Au reste, le cardinal Ruffo était instruit et même savant, beau de visage, jeune encore, brave et fier comme ces prélats du temps de Henri IV et de Louis XIII qui disaient la messe dans leurs moments perdus, et, tout le reste du temps, portaient la cuirasse et maniaient l'épée.

Le récit de sir William dura juste autant que le *Te Deum* de monseigneur Capece Zurlo. Le *Te Deum* fini, on remonta en voiture, et l'on se rendit à l'extrémité de la rue de Chiaïa, où était situé, comme nous s'avons dit, et où est encore situé aujourd'hui le palais de l'ambassade d'Angleterre, un des plus beaux et des plus vastes palais de Naples.

Pour revenir de l'église Sainte-Claire, comme pour y aller, les voitures furent obligées de marcher au pas, tant les rues étaient encombrées de monde. Nelson, peu habitué aux démonstrations bruyantes et extérieures des peuples du Midi, était enivré de cel cris de « Vive Nelson ! vive notre libérateur ! » répétés par cent mille bouches, ébloui par ces mouchoirs de toutes couleurs agités par cent mille bras.

Une chose cependant l'étonnait quelque peu, au milieu de la bruyante grandeur de son triomphe, c'était la familiarité des lazzaroni, qui montaient sur les marchepieds, sur le siége de devant et sur le siége de derrière de la voiture royale, et qui, sans que le cocher, les laquais ni les coureurs parussent s'en inquiéter, tiraient la queue du roi ou lui secouaient le nez en l'appelant *compère Nasone*, en le tutoyant et en lui demandant quel jour il vendrait son poisson à Mergellina, ou mangerait du macaroni à Saint-Charles. Il y avait loin de là à la majesté qu'affectaient les rois d'Angleterre et à la vénération dont on les entourait; mais Ferdinand paraissait si heureux de ces familiarités, il répondait si gaiement par des quolibets et des gros mots du calibre de ceux qui lui étaient lancés; il envoyait de si vigoureuses taloches à ceux qui lui tiraient la queue trop rudement, qu'en arrivant à la porte de l'hôtel de l'ambassade, Nelson ne voyait plus dans cet échange de familiarités que les transports d'enfants fanatiques de leur père et les faiblesses d'un père trop indulgent pour ses enfants.

Là, de nouveaux éblouissements attendaient son orgueil.

La porte de l'ambassade était transformée en un immense arc de triomphe, surmonté des nouvelles armes que le roi d'Angleterre venait d'accorder au vainqueur d'Aboukir, avec le titre de baron du Nil et la dignité de lord. Aux deux côtés de cette porte étaient plantés deux mâts dorés pareils à ceux que l'on dresse, les jours de fête, sur la piazzetta de Venise, et à l'extrémité de ces mâts flottaient de longues flammes rouges avec les deux mots *Horace Nelson*, en lettres d'or, déroulés par la brise de la mer et exposés à la reconnaissance du peuple.

L'escalier était une voûte de lauriers constellée des fleurs les plus rares, formant le chiffre de Nelson, c'est-à-dire une H et une N. Les boutons de la livrée des valets, le service de porcelaine, tout, jusqu'aux nappes de l'immense table de quatre-vingts couverts dressée dans la galerie de tableaux; tout, jusqu'aux serviettes des convives, était marqué de ces deux initiales, entourées d'un cercle de lauriers; une musique, assez douce pour permettre la conversation, se faisait entendre, mêlée à des aromes inpalpables; l'immense palais, pareil à la demeure enchantée d'Armide, était plein de parfums flottants et de mélodies invisibles.

On n'attendit pour se mettre à table que la présence des deux officiants, l'archevêque Capece Zurlo et le cardinal Fabrizio Ruffo.

A peine furent-ils arrivés, que, selon les règles des étiquettes royales, qui veulent que, partout où les rois sont, les rois soient chez eux, on annonça que Leurs Majestés étaient servies.

Nelson fut placé en face du roi, entre la reine Marie-Caroline et lady Hamilton.

Comme cet Apicius qui, lui aussi, habitait Naples, à qui Tibère renvoyait de Caprée les turbots trop gros et trop chers pour lui, et qui se tua lorsqu'il ne lui resta plus que quelques millions, sous prétexte que ce n'était plus la peine de vivre quand on était ruiné, sir William Hamilton, mettant la science aux ordres de la gastronomie, avait levé une contribution sur les productions du monde entier.

Des milliers de bougies se reflétant dans les glaces, dans les candélabres, dans les cristaux, jetaient à travers cette galerie magique une lumière plus éblouissante que n'avait jamais fait le soleil aux heures les plus ardentes de la journée et dans les jours les plus limpides et les plus transparents de l'été.

Cette lumière, en rampant sur les broderies d'or et d'argent et en rejaillissant en feux de mille couleurs des plaques, des ordres, des croix en diamants qui chamarraient leur poitrine, semblait envelopper les illustres convives dans cette auréole qui, aux yeux des peuples esclaves, fait des rois, des reines, des princes, des courtisans, des grands de la terre enfin, une race de demi-dieux et de créatures supérieures et privilégiées.

A chaque service, un toast était porté, et le roi Ferdinand lui-même avait donné l'exemple en portant le premier toast au règne glorieux, à la prospérité sans nuages et à la longue vie de son bien-aimé cousin et auguste allié George III, roi d'Angleterre.

La reine, contre tous les usages, avait porté la santé de Nelson, libérateur de l'Italie; suivant son exemple, Emma Lyonna avait bu au héros du Nil, puis, passant à Nelson le verre où elle avait trempé sa lèvre, changé le vin en flammes; et, à chaque toast, des hourras frénétiques, des applaudissements à faire crouler la salle, avaient éclaté.

On atteignit ainsi le dessert dans un enthousiasme croissant, qu'une circonstance inattendue porta jusqu'au délire.

Au moment où les quatre-vingts convives n'attendaient plus, pour se lever de table, que le signal que devait donner le roi en se levant lui-même, le roi se leva en effet, et son exemple fut suivi; mais le roi debout demeura à sa place. Aussitôt, ce chant si grave, si large, si profondément mélancolique, commandé par Louis XIV à Lulli pour faire honneur à Jacques II, l'exilé de Windsor, l'hôte royal de Saint-Germain, le *God save the king* éclata chanté par les plus belles voix du théâtre Saint-Charles, accompagnées des cent vingt musiciens de l'orchestre.

Chaque couplet fut applaudi avec fureur, et le dernier couplet applaudi plus longuement et plus bruyamment encore que les autres, parce que l'on croyait le chant terminé, lorsqu'une voix pure, sonore, vibrante commença ce couplet, ajouté pour la circonstance, et

dont le mérite était plus dans l'intention qui l'avait
dicté que dans la valeur des vers :

>   Joignons-nous, pour fêter la gloire
>   Du favori de la Victoire,
>   Des Français l'effroi !
>   Des Pharaons l'antique terre
>   Chante avec la noble Angleterre,
>   De Nelson orgueilleuse mère :
>   « Dieu sauve le roi ! »
>
>   (*Traduction littérale.*)

Ces vers, si médiocres qu'ils fussent, avaient fait pousser une acclamation universelle, qui allait encore s'accroître en se répétant, quand tout à coup les voix s'éteignirent sur les lèvres des convives, et les yeux effarés se tournèrent vers la porte, comme si le spectre de Banquo ou la statue du Commandeur venait d'apparaître au seuil de la salle du festin.

Un homme de haute taille et au visage menaçant était debout dans l'encadrement de la porte, vêtu de ce sévère et magnifique costume républicain, dont on ne perdait pas le moindre détail, inondé qu'il était de lumière. Il portait l'habit bleu à larges revers, le gilet rouge brodé d'or, le pantalon collant blanc, les bottes à retroussis ; il avait la main gauche appuyée à la poignée de son sabre, la main droite enfoncée dans sa poitrine, et, impardonnable insolence, la tête couverte de son chapeau à trois cornes, sur lequel flottait le panache tricolore, emblème de cette Révolution qui a élevé le peuple à la hauteur du trône et abaissé les rois au niveau de l'échafaud.

C'était l'ambassadeur de France, ce même Garat qui, au nom de la Convention nationale, avait lu, au Temple, la sentence de mort à Louis XVI.

On comprend l'effet qu'avait produit dans un pareil moment une semblable apparition.

Alors, au milieu d'un silence de mort, que nul ne songeait à rompre, d'une voix ferme, vibrante, sonore, il dit :

— Malgré les trahisons sans cesse renouvelées de cette cour menteuse qu'on appelle la cour des Deux-Siciles, je doutais encore; j'ai voulu voir de mes yeux, entendre de mes oreilles; j'ai vu et entendu ! Plus explicite que ce Romain qui, dans un pan de sa toge, apportait au Sénat de Carthage la paix ou la guerre, moi, je n'apporte que la guerre, car vous avez aujourd'hui renié la paix. Donc, roi Ferdinand, donc, reine Caroline, la guerre puisque vous la voulez; mais ce sera une guerre d'extermination, où vous laisserez, je vous en préviens, malgré celui qui est le héros de cette fête, malgré la puissance impie qu'il représente, où vous laisserez le trône et la vie. Adieu !

Je quitte Naples, la ville du parjure; fermez-en les portes derrière moi, réunissez vos soldats derrière vos murailles, hérissez de canons vos forteresses, rassemblez vos flottes dans vos ports, vous ferez la vengeance de la France plus lente, mais vous ne la ferez pas moins inévitable ni moins terrible; car tout cédera devant ce cri de la grande nation: *Vive la République!*

Et, laissant le nouveau Balthasar et ses convives épouvantés devant les trois mots magiques qui venaient de retentir sous les voûtes, et que chacun croyait lire en lettres de flamme sur les murs de la salle du festin, le héraut qui venait, comme le fécial antique, de jeter sur le sol ennemi le javelot enflammé et sanglant, symbole de la guerre, s'éloigna à pas lents, faisant résonner le fourreau de son sabre sur les degrés de marbre de l'escalier.

Puis, à ce bruit à peine éteint, succéda celui d'une voiture de poste qui s'éloignait au galop de quatre chevaux vigoureux.

V

LE PALAIS DE LA REINE JEANNE.

Il existe à Naples, à l'extrémité de Mergellina, aux deux tiers à peu près de la montée du Pausilippe, qui, à l'époque dont nous parlons, n'était qu'un sentier à peine carrossable; il existe, disons-nous, une ruine étrange, s'avançant de toute sa longueur sur un écueil incessamment baigné par les flots de la mer, qui, aux heures des marées, pénètre jusque dans ses salles basses; nous avons dit que cette ruine était étrange, et elle l'est en effet, car c'est celle d'un palais qui n'a jamais été achevé et qui est arrivé à la décrépitude sans avoir passé par la vie.

Le peuple, dans la mémoire duquel vit avec plus de ténacité la popularité du crime que celle des vertus, le peuple, qui, à Rome, oublieux des règnes régénérateurs de Marc-Aurèle et de Trajan, ne montre pas au voyageur un débris de monument se rapportant à la vie de ces deux empereurs; le peuple, au contraire, encore enthousiaste aujourd'hui de l'empoisonneur de Britannicus et du meurtrier d'Agrippine, le peuple attache le nom du fils de Domitius Ænobarbus à tous les monuments, même à ceux qui sont postérieurs à lui de huit cents ans, et montre à tout passant les bains de Néron, la tour de Néron, le sépulcre de Néron; ainsi fait le peuple de Naples, qui a baptisé la ruine de Mergellina, malgré le démenti visible que lui donne son architecture du xviie siècle, du nom de palais de la reine Jeanne.

Il n'en est rien; ce palais, qui est de deux cents ans postérieur au règne de l'impudique Angevine, fut bâti, non point par l'épouse régicide d'Andrea, ou par la maîtresse adultère de Sergiani Caracciolo, mais par Anna Caraffa, femme du duc de Medina, favori de ce duc Olivarès qu'on appelait le comte-duc, et qui était lui-même le favori du roi Philippe IV. Olivarès, en tombant, entraîna la chute de Medina, qui fut rappelé à Madrid et qui laissa à Naples sa femme en butte à la double haine qu'avait soulevée contre elle son orgueil, contre lui sa tyrannie.

Plus les peuples sont humbles et muets pendant la prospérité de leurs oppresseurs, plus ils sont implacables au jour de leur chute. Les Napolitains, qui n'avaient pas fait entendre un murmure tant qu'avait duré la puissance du vice-roi disgracié, le poursuivirent dans sa femme, et Anna Caraffa, écrasée sous les dédains de l'aristocratie, accablée sous les insultes de la populace, quitta Naples à son tour, et alla mourir à Portici, laissant son palais à demi-achevé, symbole de sa fortune brisée au milieu de son cours.

Depuis ce temps, le peuple a fait de ce géant de pierre l'objet de ses superstitions néfastes; quoique l'imagination des Napolitains n'ait qu'une médiocre tendance vers la nébuleuse poésie du septentrion et que les fantômes, commensaux habituels des brouillards, n'osent s'aventurer dans l'atmosphère limpide et transparente de la moderne Parthénope, ils ont peuplé, on ne sait pourquoi, cette ruine d'esprits inconnus et malfaisants qui jettent des sorts sur les incrédules assez hardis pour s'aventurer dans ce squelette de palais ou sur ceux qui, plus audacieux encore, ont essayé de l'achever, malgré la malédiction qui pèse sur lui, et malgré la mer, qui, dans son ascension progressive, l'envahit de plus en plus : on dirait que, pour cette fois, les murailles immobiles et insensibles ont hérité des passions humaines, ou que les âmes vindicatives de Medina et d'Anna Caraffa sont revenues habiter, après la mort, la demeure déserte et croulante qu'il ne leur a point été permis d'habiter de leur vivant.

Cette superstition s'était encore augmentée, vers le milieu de l'année 1798, par les récits qui avaient particulièrement couru dans la population de Mergellina, c'est-à-dire dans la population la plus voisine du théâtre de ces lugubres traditions. On racontait que, depuis quelque temps, on avait entendu dans le palais de la reine Jeanne, — car, nous l'avons dit, le peuple persistait à lui donner ce nom, et nous le lui conservons comme romancier, tout en protestant contre comme archéologue ; — on racontait qu'on avait entendu des bruits de chaînes, mêlés à des gémissements ; qu'on avait, à travers les fenêtres béantes, vu flotter sous les sombres arcades des lumières d'un bleu pâle qui erraient seules dans les salles humides et inhabitées ; on affirmait enfin, — et c'était un vieux pêcheur nommé Basso Tomeo, dans lequel on avait la foi la plus entière, qui le racontait, — on affirmait que ces ruines étaient devenues un repaire de malfaiteurs. Et voici sur quelle certitude Basso Tomeo appuyait cette dernière croyance :

Pendant une nuit de tempête où, malgré l'effroi que lui inspirait le château maudit, il avait été obligé de chercher un refuge dans une petite anse que forme naturellement l'écueil sur lequel il est bâti, il avait entrevu, se glissant dans les ténèbres des immenses corridors, des ombres vêtues de la longue robe des bianchi, c'est à dire du costume des pénitents qui assistent aux derniers moments les patients condamnés au gibet ou à l'échafaud. Il disait plus, il disait que, vers minuit, — il pouvait préciser l'heure, car il venait de l'entendre sonner à l'église de la Madone de Pie-di-Grotta, — il avait vu un de ces hommes ou de ces démons qui, apparaissant sur la roche au pied de laquelle se trouvait son bateau, s'y était arrêté un instant; puis, se laissant glisser sur le talus rapide qui descend à la mer, s'était avancé droit à lui. Lui, alors épouvanté de l'apparition, avait fermé les yeux et fait semblant de dormir. Il avait, un instant après, senti le mouvement d'inclinaison que faisait son bateau sous le poids d'un corps. De plus en plus effrayé, il avait faiblement desserré les paupières, juste ce qu'il fallait pour distinguer ce qui se passait au-dessus de lui, et il avait, comme à travers un nuage, entrevu cette forme spectrale se penchant sur lui, un poignard à la main. Ce poignard, un instant après, il en avait senti la pointe appuyée à sa poitrine; mais, convaincu que l'être humain ou surhumain, quel qu'il fût, auquel il avait affaire, voulait s'assurer s'il dormait véritablement, il était resté immobile, réglant de son mieux sa respiration sur celle d'un homme plongé dans le plus profond sommeil; et, en effet, l'effrayante apparition, après avoir pesé un instant sur lui, s'était redressée tout entière sur le rocher, et, du même pas et avec la même facilité qu'elle l'avait descendu, avait commencé de le gravir, s'était, comme en venant, arrêtée un instant au sommet pour s'assurer qu'il dormait toujours, puis avait disparu dans les ruines d'où elle était sortie.

Le premier mouvement de Basso Tomeo avait été alors de saisir ses avirons et de fuir à force de rames; mais il avait réfléchi qu'en fuyant il serait vu, que l'on reconnaîtrait qu'il n'avait pas dormi, mais avait fait semblant de dormir, découverte qui pouvait lui être fatale, soit dans le moment, soit plus tard.

Dans tous les cas, l'impression avait été si profonde sur le vieux Basso Tomeo, qu'il avait, avec ses trois fils Gennari, Luigi et Gaetano, sa femme et sa fille Assunta, quitté Mergellina et était allé fixer son domicile à Marinella, c'est-à-dire à l'autre bout de Naples et au côté opposé du port.

Tous ces bruits, on le comprend bien, avaient pris une consistance de plus en plus grande parmi la population napolitaine, la plus superstitieuse des populations. Chaque jour, ou plutôt chaque soir, c'étaient, de l'extrémité du Pausilippe à l'église de la Madone de Pie-di-Grotta, soit dans la chambre qui réunit toute la famille, soit à bord des barques où les pêcheurs stationnent en attendant l'heure de tirer leurs filets, c'étaient de nouveaux récits enrichis de nouveaux détails, tous plus effrayants les uns que les autres.

Quant aux personnes intelligentes qui croyaient difficilement à l'apparition des esprits et aux malédictions jetées sur les ruines, elles étaient les premières à propager ces bruits, ou du moins à les laisser circuler sans contradiction ; car elles attribuaient les événements qui donnaient naissance à toutes ces légendes populaires à des causes bien autrement graves et surtout bien autrement menaçantes que des apparitions de spectres et des gémissements d'âmes en peine ; et, en effet, voici ce qu'on se disait tout bas, en regardant autour de soi, d'un air inquiet, ce qu'on se disait de père à fils, de frère à frère, d'ami à ami : On se disait que la reine Marie-Caroline, irritée jusqu'à la folie des événements soulevés en France par la Révolution et qui avaient amené la mort sur l'échafaud de son beau-frère Louis XVI et de sa sœur Marie-Antoinette, avait institué, pour poursuivre les jacobins, une junte d'État, laquelle avait, comme on sait, condamné à mort trois malheurex jeunes gens : Emmanuele de Deo, Vitaliano et Galiani, qui n'avaient pas âge de vieillard à eux trois ; mais, voyant les murmures que cette triple exécution avait fait naître et combien Naples avait été disposé à faire des trois prétendus coupables trois martyrs, on disait que la reine, poursuivant dans l'ombre des vengeances moins éclatantes, mais non moins sûres, avait, dans une chambre du palais appelée la chambre obscure, à cause des ténèbres où demeuraient les juges et les accusateurs, établi une sorte de tribunal secret et invisible que l'on appelait le tribunal de *la sainte foi;* que, dans cette chambre et devant ce tribunal, on recevait les délations d'accusateurs, non-seulement inconnus, mais masqués; que l'on y prononçait des jugements auxquels n'assistaient pas les prévenus, qui ne leur étaient pas dénoncés, dont ils n'apprenaient l'existence que lorsqu'ils se trouvaient face à face avec l'exécuteur de ces jugements, Pasquale de Simone, lequel, que l'accusation portée contre Caroline d'Autriche fût vraie ou fausse, n'était connu dans Naples que sous le nom de *sbire de la reine.* Ce Pasquale de Simone ne disait, assurait-on, qu'un seul mot tout bas au condamné qu'il frappait, et il le frappait d'un coup tellement sûr, ajoutait-on encore, qu'il n'y avait pas d'exemple qu'aucun de ceux qui avaient été frappés par lui en fût revenu; au reste, prétendait-on toujours, pour qu'on ne fît pas doute d'où venait le coup, le meurtrier laissait dans la plaie le poignard, sur le manche duquel étaient gravées ces deux lettres séparées par une croix : *S. F.*, initiales des deux mots *Santa Fede.*

Il ne manquait pas de gens qui disaient avoir ramassé des cadavres et trouvé dans la blessure le poignard vengeur; mais il y en avait bien davantage encore qui avouaient avoir pris la fuite en voyant un cadavre à terre, et cela sans s'être donné la peine de vérifier si le poignard était ou non resté dans la blessure, et encore moins si ce poignard, comme celui de la Sainte Vehme allemande, portait sur sa lame un signe quelconque, dénonçant la main qui s'en était servie.

Enfin une troisième version avait cours qui n'était peut-être pas la plus vraie, quoi qu'elle fût la plus vraisemblable : c'est qu'une bande de malfaiteurs, si communs à Naples, où les galères ne sont que la maison de campagne du crime, travaillait pour son propre compte et trouvait l'impunité de ses actes en laissant ou en faisant croire qu'elle travaillait pour le compte des vengeances royales.

Quelle que soit la version qui fût la vérité, ou qui s'en rapprochât le plus, pendant la soirée de ce même 22 septembre, tandis que les feux d'artifice éclataient sur la place du château, sur le Mercatello et au largo delle Pigne; tandis que la foule, pareille à un fleuve roulant à grand bruit entre deux rives escarpées, s'écoulait sous l'arcade de flammes des illuminations dans la seule artère chargée de porter la vie d'un bout à l'autre de Naples, c'est-à-dire dans la rue de Tolède ; tandis que l'on commençait à se remettre, au palais de l'ambassade d'Angleterre, du trouble causé par l'apparition de l'ambassadeur de France et de l'anathème lancé par lui, une petite porte de bois donnant sur l'endroit le plus désert de la montée du Pausilippe, entre l'écueil de Frise et le restaurant de la Schiava, une petite porte, disons-nous, s'ouvrait de dehors au dedans pour donner passage à un homme enveloppé d'un grand manteau avec lequel il cachait le bas de sa figure, tandis que le haut était perdu dans l'ombre que projetait sur elle un chapeau à larges bords enfoncé jusque sur ses yeux.

La porte refermée avec soin derrière lui, cet homme prit un étroit sentier qui s'escarpait aux flancs du talus, par une pente rapide descendait vers la mer, et conduisait directement au palais de la reine Jeanne. Seulement, au lieu de mener jusqu'au palais, ce sentier aboutissait à une roche à pic surplombant l'abime de dix à douze pieds. Il est vrai qu'à cette roche adhérait pour le moment une planche dont l'autre extrémité s'appuyait sur le rebord d'une fenêtre du premier étage du palais et formait un pont mobile presque aussi étroit que ce tranchant de rasoir sur lequel il faut passer pour atteindre le seuil du paradis de Mahomet. Cependant, si étroit et si mobile que fût ce pont, l'homme au manteau s'y aventura avec une insouciance indiquant l'habitude qu'il avait de ce chemin ; mais, au moment où il allait atteindre la fenêtre, un homme caché à l'intérieur se démasqua et barra le passage au nouvel arrivant en lui mettant un pistolet sur la poitrine. Sans doute celui-ci s'attendait-il à cet obstacle, car il n'en parut nullement inquiet, et, sans s'émouvoir, sans paraître même s'effrayer, il fit un signe maçonnique, murmura à celui qui lui barrait le chemin la moitié d'un mot que celui-ci acheva en démasquant l'entrée de la ruine, ce qui permit à l'homme au manteau de descendre de l'appui de la fenêtre dans la chambre. Une fois cette descente opérée, le dernier venu voulut remplacer son compagnon au poste de la fenêtre, comme sans doute c'était l'usage, afin d'y attendre un nouvel arrivant, de même qu'au haut de l'escalier du sépulcre royal de Saint-Denis, le dernier roi de France mort attend son successeur.

— Inutile, lui dit son compagnon ; nous sommes tous au rendez-vous, excepté Velasco, qui ne peut venir qu'à minuit.

Et tous deux, réunissant leurs forces, tirèrent à eux la planche qui formait le pont volant, menant du rocher aux ruines, la dressèrent contre la muraille, et, enlevant ainsi aux profanes tout moyen d'arriver jusqu'à eux, ils se perdirent dans l'ombre, plus épaisse encore à l'intérieur des ruines qu'au dehors.

Mais, si grande que fût cette obscurité, elle ne paraissait pas avoir de secret pour les deux compagnons; car tous deux suivirent sans hésitation une espèce de corridor où pénétraient par les crevasses du plafond quelques parcelles de lumière sidérale, et arrivèrent ainsi aux premières marches d'un escalier dont la rampe manquait, mais assez large pour que l'on pût s'y engager sans danger.

A l'une des fenêtres de la salle à laquelle aboutissait l'escalier et qui s'ouvrait sur la mer, on distinguait une forme humaine que son opacité rendait visible de l'intérieur, mais que, de l'extérieur, il devait être impossible de distinguer.

Au bruit des pas, cette espèce d'ombre se retourna.

— Sommes nous tous réunis? demanda-t-elle.

— Oui, tous, répondirent les deux voix.

— Alors, dit l'ombre, il ne nous reste plus à attendre que l'envoyé de Rome.

— Et, pour peu qu'il tarde, je doute qu'il puisse, du moins cette nuit, tenir la parole donnée, dit l'homme au manteau en jetant un coup d'œil sur les vagues qui commençaient à écumer sous les premières haleines du sirocco.

— Oui, la mer se fâche, répondit l'ombre ; mais, si c'est véritablement l'homme qu'Hector nous a promis, il ne s'arrêtera point pour si peu.

— Pour si peu ! comme tu y vas, Gabriel ! voilà le vent du midi lâché, et, dans une heure, la mer ne sera plus tenable ; c'est le neveu d'un amiral qui te le dit.

— S'il ne vient pas par mer, il viendra par terre ; s'il ne vient point en barque, il viendra à la nage ; s'il ne vient pas à la nage, il viendra en ballon, dit une voix jeune, fraîche et vigoureusement accentuée. Je connais mon homme, moi qui l'ai vu à l'œuvre. Du moment qu'il a dit au général Championnet : « J'irai ! » il viendra, dût-il passer à travers le feu de l'enfer.

— D'ailleurs, il n'y a point de temps perdu, reprit l'homme au manteau ; le rendez-vous est entre onze heures et minuit, et — il fit sonner une montre à répétition — et, vous le voyez, il n'est pas encore onze heures.

— Alors, dit celui qui s'était donné pour le neveu d'un amiral, et qui, par cette raison, devait se connaître au temps, c'est à moi, qui suis le plus jeune, de monter la garde à cette fenêtre, et à vous, qui êtes les hommes mûrs et les fortes têtes, à délibérer. Descendez donc dans la salle des délibérations ; je reste ici, et, à la moindre barque ayant un feu à sa proue, vous êtes prévenus.

— Nous n'avons point à délibérer; mais nous devons avoir un certain nombre de nouvelles à échanger; le conseil que nous donne Nicolino est donc bon, quoiqu'il nous soit donné par un fou.

— Si l'on me croit véritablement un fou, dit Nicolino, il y a ici quatre hommes encore plus insensés que moi : ce sont ceux qui, me sachant un fou, m'ont admis dans leurs complots; car, mes bons amis, vous avez beau vous appeler *philomati* et donner un prétexte scientifique à vos séances, vous êtes tout simplement des *francs-maçons*, secte proscrite dans le royaume des Deux-Siciles, et vous conspirez la chute de Sa Majesté le roi Ferdinand et l'établissement de la République parthénopéenne; ce qui implique le crime de haute trahison, c'est-à-dire la peine de mort. De la peine de mort, nous nous moquons, mon ami Hector Caraffa et moi, attendu qu'en notre qualité de patriciens, nous aurons la tête tranchée, accident qui ne fait point tort au blason; mais, toi, Manthonnet, mais, toi, Schipani, mais Cirillo, qui est en bas, mais vous, comme vous n'êtes que des gens de cœur, de courage, de science, de mérite, comme vous valez cent fois mieux que nous, mais que vous avez le malheur d'être des vilains, vous serez pendus haut et court. Ah! comme je rirai, mes bons amis, quand, de la fenêtre de la *mannaïa* (1), je vous verrai gigoter au bout de vos cordes, à moins toutefois que l'illustrissimo signore don Pasquale de Simone ne me prive de ce plaisir par ordre de Sa Majesté la reine... Allez délibérer, allez! et, quand il y aura quelque chose d'impossible à faire, c'est-à-dire quelque chose que puisse faire seulement un fou, pensez à moi.

Ceux auxquels l'avis était adressé furent probablement de l'opinion de celui qui le donnait; car, moitié riant, moitié haussant les épaules, ils laissèrent Nicolino de garde à sa fenêtre, descendirent un escalier tournant, sur les marches duquel se projetaient les lueurs d'une lampe éclairant une chambre basse creusée dans le roc au-dessous du niveau de la mer, et qui avait, selon toute probabilité, été destinée par l'architecte du duc de Medina au noble but d'enfermer, sous le nom prosaïque de cave, les meilleurs vins d'Espagne et de Portugal.

Dans cette cave, puisque malgré la poésie et la gravité de notre sujet, nous sommes obligé d'appeler les choses par leur nom, dans cette cave était un homme assis, pensif et méditant, le coude appuyé sur une table de pierre; son manteau, rejeté en ar-

---

(1) Nom italien de la guillotine.

rière, laissait éclairé par la lumière de la lampe son visage pâle et amaigri par les veilles ; devant lui étaient quelques papiers, des plumes et de l'encre, et à la portée de sa main une paire de pistolets et un poignard.

Cet homme, c'était le célèbre médecin Domenico Cirillo.

Les trois autres conjurés que Nicolino avait envoyés délibérer et désignés sous les noms de Schipani, de Manthonnet et d'Hector Caraffa entrèrent tour à tour dans le cercle de lumière pâle et tremblotante que projetait la lampe, se débarrassèrent de leur manteau et de leur chapeau, posèrent chacun devant eux une paire de pistolets et un poignard, et commencèrent, non pas à délibérer, mais à échanger les nouvelles qui couraient par la ville, et que chacun avait pu recueillir de son côté.

Comme nous sommes aussi bien qu'eux, et même mieux qu'eux, au courant de tout ce qui s'était passé dans cette journée si pleine d'événements, nous allons, si nos lecteurs veulent bien nous le permettre, les laisser discourir sur ce sujet, qui n'aurait plus d'intérêt pour nous, et tracer une courte biographie de ces cinq hommes, appelés à jouer un rôle important dans les événements que nous avons entrepris de raconter.

VI

L'ENVOYÉ DE ROME.

Voyons donc ce que c'était que ces cinq hommes, dont Nicolino, dans sa verve railleuse, venait, sans s'épargner lui-même, de vouer trois au gibet et deux à la guillotine, prédiction qui, au reste, moins un, devait de point en point se réaliser pour tous.

Celui que nous avons montré seul, assis, pensif et méditant, le coude appuyé sur la table de pierre, et que nous avons dit se nommer Domenico Cirillo, était un homme de Plutarque, un des plus puissants représentants de l'antiquité qui eussent jamais paru sur la terre de Naples. Il n'était ni du pays ni du temps dans lequel il vivait, et il avait à peu près toutes les qualités dont une seule eût suffi à faire un homme supérieur.

Il était né en 1734, l'année même de l'avénement au trône de Charles III, à Grumo, petit village de la Terre de Labour. Sa famille avait toujours été une pépinière d'illustres médecins, de savants naturalistes et d'intègres magistrats. Avant d'avoir atteint vingt ans, il concourait pour la chaire de botanique et l'obtenait ; puis il avait voyagé en France, s'était lié avec Nollet, Buffon, d'Alembert, Diderot, Franklin, et, sans son grand amour pour sa mère, — il le disait lui-même, — renonçant à sa patrie réelle, il fût resté dans la patrie de son cœur.

De retour à Naples, il continua ses études et devint un des premiers médecins de son époque ; mais il était particulièrement connu comme le médecin des pauvres, disant que la science devait être, pour un véritable chrétien, non une source de fortune, mais un moyen de venir en aide à la misère ; ainsi, appelé en même temps par un riche citoyen et par un pauvre lazzarone, il allait de préférence au pauvre, qu'il soulageait d'abord avec son art, tant qu'il était en danger, et qu'une fois entré en convalescence il aidait de son argent.

Malgré cela, disons mieux, à cause de cela, il avait été mal vu à la cour en 1794, époque à laquelle la crainte des principes révolutionnaires et la haine des Français soulevèrent Ferdinand et Caroline contre tout ce qu'il y avait à Naples de cœurs nobles et d'esprits intelligents.

Depuis ce temps, il avait vécu dans une demi-disgrâce, et, ne voyant d'espoir pour son malheureux pays que dans une révolution accomplie à l'aide de ces mêmes Français qu'il avait aimés, au point de les mettre en balance avec sa mère et sa propre patrie, il était entré, avec la résolution philosophique de son âme et la sereine et douce ténacité de son caractère, dans un complot qui avait pour but de substituer l'intelligente et fraternelle autorité de la France à la sombre et brutale tyrannie des Bourbons. Il ne se cachait point qu'il jouait sa tête, et, calme, sans faux enthousiasme, il persistait dans son projet, si dangereux qu'il fût, comme il eût persisté dans la dangereuse volonté de soigner, au risque de sa propre vie, une population malade du choléra ou du typhus. Ses compagnons, plus jeunes et plus violents que lui, avaient pour ses avis, en toute chose, une suprême déférence; il était le fil qui les guidait dans le labyrinthe, la lumière qu'ils suivaient dans l'obscurité; et le sourire mélancolique avec lequel il accueillait le danger, la suave onction avec laquelle il parlait des élus qui ont le bonheur de mourir pour l'humanité, avaient sur leur esprit quelque chose de cette influence que donne Virgile à l'astre chargé de dissiper les ténèbres et les terreurs de l'obscurité, et de leur substituer les silences protecteurs et bienveillants de la nuit.

Hector Caraffa, comte de Ruvo, duc d'Andria, le même qui était intervenu dans la conversation pour répondre de la persistante volonté et du froid courage de l'homme que l'on attendait, était un de ces athlètes que Dieu crée pour les luttes politiques, c'est-à-dire une espèce de Danton aristocrate, avec un cœur intrépide, une âme implacable, une ambition démesurée.

Il aimait par instinct les entreprises difficiles, et courait au danger du même pas dont un autre l'aurait fui, s'inquiétant peu des moyens, pourvu qu'il arrivât au but. Énergique dans sa vie, il fut, ce que l'on eût cru impossible, plus énergique dans sa mort; c'était enfin un de ces puissants leviers que la Providence, qui veille sur les peuples, met aux mains des révolutions qui doivent les affranchir.

Il descendait de l'illustre famille des ducs d'Andria, et portait le titre de comte de Ruvo; mais il dédaignait son titre et tous ceux de ses aïeux qui ne s'offraient pas à la reconnaissance de l'histoire avec quelqu'une de ces recommandations qu'il ambitionnait de conquérir, disant sans cesse qu'il n'y avait pas de noblesse chez un peuple esclave. Il s'était enflammé au premier souffle des idées républicaines, introduites à Naples à la suite de Latouche-Tréville, s'était jeté avec son audace accoutumée dans la voie hasardeuse des révolutions, et, quoique forcé par sa position de paraître à la cour, il s'était fait le plus ardent apôtre, le plus zélé propagateur des principes nouveaux ; partout où l'on parlait de liberté, comme par une évocation magique, on voyait apparaître à l'instant même Hector Caraffa. Aussi, dès 1795, avait-il été arrêté avec les premiers patriotes désignés par la junte d'État et conduit au château Saint-Elme ; là, il était entré en relation avec un grand nombre de jeunes officiers préposés à la garde du fort. Sa parole ardente créa chez eux l'amour de la république ; bientôt une telle amitié les unit, que, menacé d'un jugement mortel, il n'hésita point à leur demander leur aide pour fuir. Alors, il y eut lutte entre ces nobles cœurs : les uns disaient que, même pour la liberté, on ne devait point trahir son devoir, et que, chargés de la garde du château, c'était un crime à eux de concourir à la fuite d'un prisonnier, ce prisonnier fût-il leur ami, fût-il leur frère. D'autres, au contraire, disaient qu'à la liberté et au salut de ses défenseurs, même l'honneur, un patriote doit tout sacrifier.

Enfin, un jeune lieutenant de Castelgirone, en Sicile, plus ardent patriote que les autres, consentit à être non-seulement le complice, mais le compagnon de sa fuite ; tous deux furent aidés dans cette évasion par la fille d'un officier de la garnison qui, amoureuse d'Hector, lui fit passer une corde pour descendre du haut des murs du château, tandis que le jeune Sicilien l'attendait en bas.

L'évasion s'exécuta heureusement; mais les deux fugitifs n'eurent point même fortune : le Sicilien fut repris, condamné à mort, et, par faveur spéciale de Ferdinand, vit son supplice commué en celui d'une prison perpétuelle dans l'horrible fosse de Favignana.

Hector trouva un asile dans la maison d'un ami, à Portici; de là, par des sentiers connus des seuls montagnards, il sortit du royaume, se rendit à Milan, y trouva les Français, et devint facilement leur ami, étant celui de leurs principes. Eux, de leur côté, apprécièrent cette âme de feu, ce cœur indomptable, cette volonté de fer. Le beau caractère de Championnet lui parut taillé sur celui des Phocion et des Philopœmen; sans fonctions particulières, il s'attacha à son état-major, et, lorsque, après la chute de Pie VI et la proclamation de la république romaine, le général français vint à Rome, il l'y accompagna; alors, se trouvant si près de Naples, ne désespérant pas d'y soulever un mouvement révolutionnaire, il avait repris, pour rentrer dans le royaume, le même chemin par lequel il en était sorti, était revenu demander l'hospitalité non plus du proscrit, mais du conspirateur, au même ami chez lequel il avait déjà trouvé un asile et qui n'était autre que Gabriel Manthonnet, que nous avons déjà nommé, et, de là, il avait écrit à Championnet qu'il croyait Naples mûre pour un soulèvement et qu'il l'invitait à lui envoyer un homme sûr, calme et froid qui pût juger lui-même de la situation des esprits et de l'état des choses : c'était cet envoyé que l'on attendait.

Gabriel Manthonnet, chez lequel Hector Caraffa avait trouvé un asile, et que le bouillant patriote n'avait pas eu de peine à entraîner à la cause de la liberté, était, comme Hector Caraffa, un homme de trente-quatre à trente-cinq ans, d'origine savoyarde, comme l'indique son nom; sa force était herculéenne, et sa volonté marchait l'égale de sa force; il avait cette éloquence du courage et cet esprit du cœur qui, dans les circonstances extrêmes, font jaillir de l'âme ces paroles sublimes dont tressaille l'histoire, chargée de les enregistrer; ce qui ne l'empêchait pas, dans les circonstances ordinaires, de trouver ces fines railleries qui, sans arriver à la postérité, font fortune chez les contemporains. Admis dans l'artillerie napolitaine en 1784, il avait été fait sous-lieutenant en 1787, était passé en 1789 comme lieutenant au régiment d'artillerie de la reine, avait, en 1794, été nommé lieutenant-capitaine, et enfin, au commencement de l'année 1798, était devenu capitaine commandant de son régiment et aide de camp du général Fonseca.

Celui des quatre conspirateurs que nous avons désigné sous le nom de Schipani était un Calabrais de naissance. La loyauté et la bravoure étaient ses deux qualités dominantes : homme d'exécution sûre tant qu'il restait sous le commandement de deux chefs de génie, comme Manthonnet ou Hector Caraffa, il devenait, abandonné à lui-même, inquiétant à force de témérité, dangereux à force de patriotisme. C'était une espèce de machine de guerre, frappant des coups terribles et sûrs, mais à la condition qu'il serait mis en mouvement par d'habiles machinistes.

Quant à Nicolino, qui était resté de garde, comme le plus jeune, à la fenêtre du vieux château donnant sur la pointe du Pausilippe, c'était un beau gentilhomme de vingt et un à vingt-deux ans, neveu de ce même François Caracciolo que nous avons vu commander la galère de la reine et refuser pour lui une invitation à dîner, et, pour sa nièce Cecilia, une invitation de bal chez l'ambassadeur ou plutôt chez l'ambassadrice d'Angleterre; il était, en outre, frère du duc de Rocca-Romana, le plus élégant, le plus aventureux, le plus chevaleresque des cavaliers servants de la reine et qui est resté, à Naples, le type méridional de notre duc de Richelieu, amant de mademoiselle de Valois et vainqueur de Mahon; seulement, Nicolino, enfant d'un second mariage, était fils d'une Française, avait été élevé par sa mère dans l'amour de la France, et tenait, de cette portion de son sang, cette légèreté d'esprit et cette insouciance du danger qui font au besoin du héros un homme aimable et de l'homme aimable un héros.

Tandis que les quatre autres conjurés échangeaient entre eux à voix basse, et la main machinalement étendue vers leurs armes, ces paroles pleines d'espérance, comme en disent les conspirateurs, mais à travers lesquelles, si pleines d'espérance qu'elles soient, brillent de temps en temps comme le reflet du glaive ou l'éclair du poignard, quelques-uns de ces mots qui, par le frissonnement qu'ils éveillent au fond du cœur, rappellent aux Damoclès politiques qu'ils ont une épée suspendue au-dessus de leur tête, Nicolino, insoucieux comme on l'est à vingt ans, rêvait à ses amours, qui, en ce moment, avaient pour objet une des dames d'honneur de la reine, encore plus qu'à la liberté de Naples, et, sans perdre de vue la pointe du Pausilippe, regardait s'amasser au ciel cette tempête prédite par François Caracciolo à la reine, et par lui à ses compagnons.

En effet, de temps en temps, un tonnerre lointain grondait, précédé par des éclairs qui, ouvrant une sombre masse de nuages, roulant du midi au nord, illuminaient tour à tour d'une lueur fantastique le noir rocher de Capri, qui, aussitôt l'éclair éteint, rentrait dans l'obscurité, ne faisant plus qu'un avec la masse opaque de nuées dont il semblait former la base. De temps en temps, des bouffées de ce vent lourd et desséchant qui apporte jusqu'à Naples le sable enlevé aux déserts de la Libye, passaient par rafales frissonnantes, soulevant à la surface de la mer une trépidation phosphorescente qui, pour un instant, la changeait en un lac de flammes, rentrant presque aussitôt dans sa sombre opacité.

Au souffle de ce vent redouté des pêcheurs, une foule de petites barques se hâtaient de regagner le port, les unes emportées par leurs voiles triangulaires et laissant derrière elles un sillon de feu, les autres nageant de toutes leurs forces et pareilles à ces grosses araignées qui courent sur l'eau, égratignant la mer de leurs avirons, dont chaque coup faisait jaillir une gerbe d'étincelles liquides. Peu à peu, ces barques, en se rapprochant hâtivement de la terre, disparurent derrière la lourde et immobile masse du château de l'Œuf et le phare du môle, dont la lumière jaunâtre apparaissait au centre d'un cercle de vapeur pareil à celui qui entoure la lune à l'approche des mauvais temps; enfin, la mer resta solitaire, comme pour laisser le champ libre au combat qu'allaient se livrer les quatre vents du ciel.

En ce moment, à la pointe du Pausilippe, apparut, comme un point dans l'espace, une flamme rougeâtre, faisant contraste avec les sulfureuses haleines de la tempête et les émanations phosphorescentes de la mer; cette flamme se dirigeait en droite ligne sur le palais de la reine Jeanne.

Alors, et comme si l'apparition de cette flamme était un signal, éclata un coup de tonnerre qui roula du cap Campanella au cap Misène, tandis que, dans la même direction, le ciel, en s'ouvrant, offrait à l'œil effrayé les abîmes insondables de l'éther. Des rafales venant de points complétement opposés passèrent, en la creusant, à la surface de la mer avec des rapidités et des bruits de trombe; les vagues montèrent sans gradation, comme si un bouillonnement sous-marin provoquait leur ébullition; la tempête venait de briser sa chaîne et parcourait le cirque liquide, comme un lion furieux.

Nicolino, à l'aspect effrayant que prenaient à la fois la mer et le ciel, jeta un cri d'appel qui fit tressaillir les conjurés dans les profondeurs du vieux palais; ils s'élancèrent par les degrés, et, arrivés à la fenêtre, virent de quoi il s'agissait.

La barque qui amenait, il n'y avait point à en douter, le messager attendu, venait d'être prise et comme enveloppée par la tempête, à moitié chemin du Pausilippe au palais de la reine Jeanne; elle avait abattu à l'instant même la petite voile carrée sous laquelle elle naviguait, et elle bondissait effarée sur les vagues, où essayaient de mordre les avirons de deux vigoureux rameurs.

Comme l'avait pensé Hector Caraffa, rien n'avait arrêté le jeune homme au cœur de bronze qu'ils attendaient. Comme il avait été convenu dans l'itinéraire tracé d'avance, — et plus encore par précaution pour les conspirateurs napolitains que pour l'envoyé, que son uniforme français et son titre d'aide de camp de Championnet devaient protéger dans une ville d'un royaume allié, dans une capitale amie, — il avait quitté la route de Rome à Santa-Maria, avait gagné le bord de la mer, avait laissé son cheval à Pouzzoles, sous prétexte qu'il était trop fatigué pour aller plus loin; et, là, moitié menace, moitié séduction d'une forte récompense, il avait déterminé deux marins à partir malgré les présages du temps; et, tout en protestant contre une pareille témérité, ils étaient partis au milieu des cris et des lamentations de leurs femmes et de leurs enfants, qui les avaient accompagnés jusque sur les dalles humides du port.

Leur crainte s'était réalisée, et, arrivés à Nisida, ils avaient voulu mettre leur passager à terre et s'abriter à la jetée; mais le jeune homme, sans colère, sans paroles vaines, avait tiré les pistolets passés à sa ceinture, en avait dirigé le canon sur les récalcitrants, qui, voyant, à ce visage calme mais résolu, que c'en était fait d'eux s'ils abandonnaient leurs rames, s'étaient courbés sur elles et avaient donné une nouvelle impulsion à la barque.

Ils avaient débouché alors du petit golfe de Pouzzoles dans le golfe de Naples, et, à partir de là, s'étaient trouvés sérieusement aux prises avec la tempête, qui, ne voyant, sur l'immense surface des flots, que cette seule barque à anéantir, semblait avoir concentré sur elle toute sa colère.

Les cinq conjurés restèrent un instant immobiles et muets; le premier aspect d'un grand danger couru par notre semblable commence toujours par nous stupéfier; puis jaillit tout à coup de notre cœur, comme un instinct impérieux et irrésistible de la nature, le besoin de lui porter secours.

Hector Caraffa rompit le premier le silence.

— Des cordes! des cordes! cria-t-il en essuyant la sueur qui venait de perler tout à coup à son front.

Nicolino s'élança, il avait compris; il replaça la planche sur l'abîme, bondit du rebord de la fenêtre sur la planche, de la planche sur le rocher, et du rocher jusqu'à la porte de la rue, et, dix minutes après, il reparut avec une corde arrachée à un puits public.

Pendant ce temps, si court qu'il fût, la tempête avait redoublé de rage; mais aussi, poussée par elle, la barque s'était rapprochée et n'était plus qu'à quelques encablures du palais; seulement, la vague battait avec tant de fureur contre l'écueil sur lequel il était bâti, qu'au lieu de se présenter comme une espérance, il y avait un redoublement de danger à s'en approcher, l'écume fouettant le visage des conspirateurs penchés à la fenêtre du premier étage, c'est-à-dire à vingt ou vingt-cinq pieds au-dessus de l'eau.

A la lueur du feu allumé à la proue, et que chaque vague que surmontait la barque menaçait d'éteindre, on voyait les deux marins courbés sur leurs rames avec l'angoisse de la terreur peinte sur le visage; tandis que, debout, comme s'il était rivé au plancher du bateau, les cheveux fouettés par l'ouragan, mais le sourire sur les lèvres et regardant d'un œil dédaigneux ces flots qui, pareils à la meute de Scylla, bondissaient et aboyaient autour de lui, le jeune homme semblait un dieu commandant à la tempête, ou, ce qui est plus grand encore, un homme inaccessible à la peur.

On voyait, à la façon dont il abaissait la main sur ses yeux et dont il dirigeait son regard vers la ruine gigantesque, que, dans l'espérance d'être attendu, il essayait de distinguer à travers l'ombre la présence de ceux qui l'attendaient; un éclair lui vint en aide, qui illumina la façade ridée et sombre du vieux bâtiment, et il put voir, groupés dans l'attitude de l'angoisse, cinq hommes qui d'une même voix lui crièrent:

— Courage!

Au même moment, une vague monstrueuse, refoulée par la base rocheuse du palais, s'abattit sur l'avant de la barque, et, éteignant le feu, sembla l'avoir engloutie.

La respiration s'arrêta dans toutes les poitrines; d'un geste désespéré, Hector Caraffa saisit ses cheveux à pleines mains; mais on entendit une voix forte et calme qui criait, dominant le bruit de la tempête:

— Une torche!

Ce fut Hector Caraffa qui s'élança à son tour; il y avait dans une cavité de la muraille des torches préparées pour les nuits ténébreuses; il saisit une de ces torches, l'alluma à la lampe qui brûlait sur la table de pierre; puis, presque aussitôt, on le vit apparaître sur la plate-forme extérieure du rocher, penché sur la mer et étendant vers la barque sa torche résineuse au milieu d'un nuage d'écume impuissant à l'éteindre.

Alors, comme si elle surgissait des abîmes de la mer, la barque reparut à quelques pieds seulement de la base du château ; les deux rameurs avaient abandonné leur rames, et à genoux, les bras levés au ciel, invoquaient la madone et saint Janvier.

— Une corde ! cria le jeune homme.

Nicolino monta sur le rebord de la fenêtre, et, retenu à bras-le-corps par l'herculéen Manthonnet, prit sa mesure et lança dans le bateau une extrémité de la corde, dont Schipani et Cirillo tenaient l'autre extrémité.

Mais à peine avait-on entendu le bruit de la corde heurtant le bois de la barque, qu'une vague énorme, venant cette fois de la mer, lança avec une force irrésistible la barque contre l'écueil. On entendit un craquement funèbre suivi d'un cri de détresse ; puis barque, pêcheurs, passagers, tout disparut.

Seulement, cette exclamation simultanée s'échappa de la poitrine de Schipani et de Cirillo :

— Il la tient ! il la tient !

Et ils se mirent à tirer la corde à eux.

En effet, au bout d'une seconde, la mer se fendit au pied de l'écueil, et, à la lueur de la torche qu'étendait Hector Caraffa au-dessus de l'abîme, on en vit sortir le jeune aide de camp, qui, secondé par la traction de la corde, escalada le rocher, saisit la main que lui tendit le comte de Ruvo, bondit sur la plate-forme, et, pressé tout ruisselant sur la poitrine de son ami, avec son regard serein et sa voix dans laquelle il était impossible de distinguer la moindre altération, levant la tête vers ses sauveurs, prononça ce seul mot :

— Merci !

En ce moment, un coup de tonnerre retentit, qui sembla vouloir arracher le palais à sa base de granit; un éclair flamboya, lançant, par toutes les ouvertures de la ruine, ses flèches de feu, et la mer, avec un hurlement terrible, monta jusqu'aux genoux des deux jeunes gens.

Mais Hector Caraffa, avec cet enthousiasme méridional qui faisait encore ressortir la tranquillité de son âme, levant sa torche comme pour défier la foudre :

— Gronde, tonnerre! flamboie, éclair! rugis tempête! s'écria-t-il. Nous sommes de la race de ces Grecs qui ont brûlé Troie, et celui-ci — ajouta-t-il en passant la main sur l'épaule de son ami — celui-ci descend d'Ajax, fils d'Oilée : il échappera malgré les dieux !

VII

LE FILS DE LA MORTE.

Ce qu'il y a de particulier aux grands cataclysmes de la nature et aux grandes préoccupations politiques, — et, hâtons-nous de le dire, la chose ne fait point honneur à l'humanité, — c'est qu'ils concentrent l'intérêt sur les individus qui, dans l'un ou l'autre cas, jouent les rôles principaux et desquels on attend ou le salut ou le triomphe, en repoussant les personnages inférieurs dans l'ombre, et en laissant le soin de veiller sur eux à cette banale et insouciante Providence qui est devenue, pour les égoïstes de caractère ou d'occasion, un moyen de mettre à la charge de Dieu toutes les infortunes qu'ils ne se souciaient pas de secourir.

Ce fut ce qui arriva au moment où la barque qui amenait le messager attendu si impatiemment par nos conspirateurs fut lancée contre l'écueil et se brisa dans le choc. Eh bien, ces cinq hommes d'élite, au cœur loyal et miséricordieux, qui, fervents apôtres de l'humanité, étaient prêts à sacrifier leur vie à leur patrie et à leurs concitoyens, oublièrent complètement que deux de leurs semblables, fils de cette patrie et, par conséquent, leurs frères, venaient de disparaître dans le gouffre, pour ne s'occuper que de celui qui se rattachait à eux par un lien d'intérêt non-seulement général, mais encore individuel, concentrant sur celui-là toute leur attention et tous leurs secours, et croyant qu'une vie si nécessaire à leurs projets n'était pas trop payée des deux existences secondaires qu'elle venait de compromettre et à la perte desquelles, tant que dura le péril, ils ne songèrent même pas.

— C'étaient des hommes, cependant, murmurera le philosophe.

— Non, répondra le politique; c'étaient des zéros dont une nature supérieure était l'unité.

Quoi qu'il en soit, que les deux malheureux pêcheurs aient eu leur part bien vive dans les sympathies et dans les regrets de ceux qui venaient de les voir disparaître, c'est ce dont il nous est permis de douter en les voyant s'élancer, le visage joyeux et les bras ouverts, à la rencontre de celui qui, grâce à son courage et à son sang-froid, apparaissait sain et sauf aux bras de son ami le comte de Ruvo.

C'était un jeune homme de vingt-quatre à vingt-cinq ans, aux cheveux noirs, encadrant de leurs longues mèches, collées aux tempes et le long des joues par l'eau de la mer, un visage naturellement pâle, et dont tout le mouvement et toute la vie semblaient s'être concentrés dans les yeux, suffisant d'ailleurs à animer une physionomie qui, sans les éclairs qu'ils jetaient, eût semblé de marbre; ses sourcils noirs et naturellement froncés donnaient à cette tête sculpturale une expression de volonté inflexible, contre laquelle on comprenait que tout, excepté les mystérieux et implacables décrets du sort, avait dû se briser et devait se briser encore; si ses habits n'eussent été ruisselants d'eau, si les boucles de ses cheveux n'eussent point porté les traces de son passage à travers les vagues, si la tempête n'eût rugi comme un lion furieux d'avoir laissé échapper sa proie, il eût été impossible de lire sur sa physionomie le moindre signe d'émotion qui indiquât qu'il venait d'échapper à un danger de mort; c'était bien enfin et de tout point l'homme promis par Hector Caraffa, dont l'impétueuse témérité se plaisait à s'incliner devant le froid et tranquille courage de son ami.

Pour achever maintenant le portrait de ce jeune homme, destiné à devenir, sinon le principal personnage, du moins un des personnages principaux de de cette histoire, hâtons-nous de dire qu'il était vêtu de cet élégant et héroïque costume républicain que les Hoche, les Marceau, les Desaix et les Kléber ont non-seulement rendu historique, mais aussi fait immortel, et dont nous avons, à propos de l'apparition de notre ambassadeur Garat, tracé une description trop exacte et trop récente pour qu'il soit utile de la renouveler ici.

Peut-être, au premier moment, le lecteur trouvera-t-il qu'il y avait une certaine imprudence à un messager, chargé de mystérieuses communications, à se présenter à Naples vêtu de ce costume qui était plus qu'un uniforme, qui était un symbole ; mais nous répondrons que notre héros était parti de Rome, il y avait quarante-huit heures, ignorant complétement, ainsi que le général Championnet, dont il était l'émissaire, les événements qu'avaient accumulés en un jour l'arrivée de Nelson et l'inqualifiable accueil qui lui avait été fait ; que le jeune officier était ostensiblement envoyé à l'ambassadeur que l'on croyait encore à son poste, comme chargé de dépêches, et que l'uniforme français dont il était revêtu semblait devoir être un porte-respect, au contraire, dans un royaume que l'on savait hostile au fond du cœur, mais qui, par crainte au moins, si ce n'était par respect humain, devait conserver les apparences d'une amitié qu'à défaut de sa sympathie, lui imposait un récent traité de paix.

Seulement, la première conférence du messager

devait avoir lieu avec les patriotes napolitains, qu'il fallait avoir grand soin de ne pas compromettre; car, si l'uniforme et la qualité de Français sauvegardaient l'officier, rien ne les sauvegardait, eux; et l'exemple d'Emmanuel de Deo, de Galiani et de Vitaliano, pendus sur un simple soupçon de connivence avec les républicains français, prouvait que le gouvernement napolitain n'attendait que l'occasion de déployer une suprême rigueur et ne manquerait pas cette occasion si elle se présentait. La conférence terminée, elle devait être transmise dans tous ses détails à notre ambassadeur et devait servir à régler la conduite qu'il tiendrait avec une cour dont la mauvaise foi avait, à juste titre, mérité chez les modernes la réputation que la foi carthaginoise avait dans l'antiquité.

Nous avons dit avec quel empressement chacun s'était élancé au-devant du jeune officier, et l'on comprend quelle impression dut faire sur l'organisation impressionnable de ces hommes du Midi cette froide bravoure qui semblait déjà avoir oublié le danger, quand le danger était à peine évanoui.

Quel que fût le désir des conjurés d'apprendre les nouvelles dont il était porteur, ils exigèrent que celui-ci acceptât d'abord de Nicolino Caracciolo, qui était de la même taille que lui et dont la maison était voisine du palais de la reine Jeanne (1), un costume complet pour remplacer celui qui était trempé de l'eau de la mer et qui, joint à la fraicheur du lieu dans lequel on se trouvait, pouvait avoir de graves inconvénients pour la santé du naufragé; malgré les objections de celui-ci, il lui fallut donc céder; il resta seul avec son ami Hector Caraffa, qui voulut absolument lui servir de valet de chambre; et, lorsque Cirillo, Manthonnet, Schipani et Nicolino rentrèrent, ils trouvèrent le sévère officier républicain transformé en citadin élégant, Nicolino Caracciolo étant, avec son frère le duc de Rocca-Romana, un des jeunes gens qui donnaient la mode à Naples.

En voyant rentrer ceux qui s'étaient absentés pour un instant, ce fut notre héros, à son tour, qui, s'avançant à leur rencontre, leur dit en excellent italien :

— Messieurs, excepté mon ami Hector Ceraffa, qui a bien voulu vous répondre de moi, personne ne me connaît ici, tandis qu'au contraire, moi, je vous connais tous ou pour des hommes savants ou pour des patriotes éprouvés. Vos noms racontent votre vie et sont des titres à la confiance de vos concitoyens; mon nom, au contraire, vous est inconnu, et vous ne

(1) L'auteur a connu ce même Nicolino Caracciolo dont il est question ici; il habitait encore, en 1860, cette maison, où il est mort à l'âge de quatre-vingt-trois ans, en 1863.

savez de moi, comme Caraffa et par Caraffa, que quelques actions de courage qui me sont communes avec les plus humbles et les plus ignorés des soldats de l'armée française. Or, quand on va combattre pour la même cause, risquer sa vie pour le même principe, mourir peut-être sur le même échafaud, il est d'un homme loyal de se faire connaître et de n'avoir point de secrets pour ceux qui n'en ont pas pour lui. Je suis Italien comme vous, messieurs; je suis Napolitain comme vous; seulement, vous avez été proscrits et persécutés à différents âges de votre vie; moi, j'ai été proscrit avant ma naissance.

Le mot FRÈRE s'échappa de toutes les bouches, et toutes les mains s'étendirent vers les deux mains ouvertes du jeune homme.

— C'est une sombre histoire que la mienne, ou plutôt que celle de ma famille, continua-t-il les yeux perdus dans l'espace, comme s'il cherchait quelque fantôme invisible à tous, excepté à lui; et qui vous sera, je l'espère, un nouvel aiguillon à renverser l'odieux régime qui pèse sur notre patrie.

Puis, après un instant de silence :

— Mes premiers souvenirs datent de la France, dit-il; nous habitions, mon père et moi, une petite maison de campagne isolée au milieu d'une grande forêt; nous n'avions qu'un domestique, nous ne recevions personne ; je ne me rappelle pas même le nom de cette forêt.

» Souvent, le jour comme la nuit, on venait chercher mon père ; il montait alors à cheval, prenait ses instruments de chirurgie, suivait la personne qui le venait chercher ; puis, deux heures, quatre heures, six heures après, le lendemain même quelquefois, reparaissait sans dire où il avait été. — J'ai su, depuis, que mon père était chirurgien, et que ses absences étaient motivées par des opérations dont il refusa toujours le salaire.

» Mon père s'occupait seul de mon éducation ; mais, je dois le dire, il donnait plus d'attention encore au développement de mes forces et de mon adresse qu'à celui de mon intelligence et de mon esprit.

» Ce fut lui, cependant, qui m'apprit à lire et à écrire, puis qui m'enseigna le grec et le latin ; nous parlions indifféremment l'italien et le français ; tout le temps qui nous restait, ces différentes leçons prises, était consacré aux exercices du corps.

» Ils consistaient à monter à cheval, à faire des armes et à tirer au fusil et au pistolet.

» A dix ans, j'étais un excellent cavalier, je manquais rarement une hirondelle au vol et je cassais presque à chaque coup, avec mes pistolets, un œuf se balançant au bout d'un fil.

» Je venais d'atteindre ma dixième année lorsque nous partîmes pour l'Angleterre; j'y restai deux ans. Pendant ces deux ans, j'y appris l'anglais avec un professeur que nous prîmes à la maison, et qui mangeait et couchait chez nous. Au bout de deux ans, je parlais l'anglais aussi couramment que le français et l'italien.

» J'avais un peu plus de douze ans lorsque nous quittâmes l'Angleterre pour l'Allemagne; nous nous arrêtâmes en Saxe. Par le même procédé que j'avais appris l'anglais, j'appris l'allemand; au bout de deux autres années, cette langue m'était aussi familière que les trois autres.

» Pendant ces quatre années, mes études physiques avaient continué. J'étais excellent cavalier, de première force à l'escrime; j'eusse pu disputer le prix de la carabine au meilleur chasseur tyrolien, et, au grand galop de mon cheval, je clouais un ducat contre la muraille.

» Je n'avais jamais demandé à mon père pourquoi il me poussait à tous ces exercices. J'y prenais plaisir, et, mon goût se trouvant d'accord avec sa volonté, j'avais fait des progrès qui m'avaient amusé moi-même tout en le satisfaisant.

» Au reste, j'avais jusque-là passé au milieu du monde pour ainsi dire sans le voir; j'avais habité trois pays sans les connaitre ; j'étais très-familier avec les héros de l'ancienne Grèce et de l'ancienne Rome, très-ignorant de mes contemporains.

» Je ne connaissais que mon père.

» Mon père, c'était mon dieu, mon roi, mon maître, ma religion ; mon père ordonnait, j'obéissais. Ma lumière et ma volonté venaient de lui ; je n'avais par moi-même que de vagues notions du bien et du mal.

» J'avais quinze ans lorsqu'il me dit un jour, comme deux fois il me l'avait déjà dit :

» — Nous partons.

» Je ne songeai pas même à lui demander :

» — Où allons-nous ?

» Nous franchîmes la Prusse, le Rhingau, la Suisse ; nous traversâmes les Alpes. J'avais parlé successivement l'allemand et le français, tout à coup, en arrivant au bord d'un grand lac, j'entendis parler une langue nouvelle, c'était l'italien ; je reconnus ma langue maternelle et je tressaillis.

» Nous nous embarquâmes à Gênes, et nous débarquâmes à Naples. A Naples, nous nous arrêtâmes quelques jours ; mon père achetait deux chevaux et paraissait mettre beaucoup d'attention au choix de ces deux montures.

» Un jour, arrivèrent à l'écurie deux bêtes magnifiques, croisées d'anglais et d'arabe ; j'essayai le cheval qui m'était destiné et je rentrai tout fier d'être maître d'un pareil animal.

» Nous partîmes de Naples un soir; nous marchâmes une partie de la nuit. Vers deux heures du matin, nous arrivâmes à un petit village où nous nous arrêtâmes.

» Nous nous y reposâmes jusqu'à sept heures du matin.

« A sept heures, nous déjeunâmes; avant de partir, mon père me dit :

» — Salvato, charge tes pistolets.

» — Ils sont chargés, mon père, lui répondis-je.

» — Décharge-les alors, et recharge-les de nouveau avec la plus grande précaution, de peur qu'ils ne ratent: tu auras besoin de t'en servir aujourd'hui.

» J'allais les décharger en l'air sans faire aucune observation; j'ai dit mon obéissance passive aux ordres de mon père; mais mon père m'arrêta le bras.

» — As-tu toujours la main aussi sûre? me demanda-t-il.

» — Voulez-vous le voir?

» — Oui.

» Un noyer à l'écorce lisse ombrageait l'autre côté de la route; je déchargeai un de mes pistolets dans l'arbre; puis, avec le second, je doublai si exactement ma balle, que mon père crut d'abord que j'avais manqué l'arbre.

» Il descendit, et, avec la pointe de son couteau, s'assura que les deux balles étaient dans le même trou.

» — Bien, me dit-il, recharge tes pistolets.

» — Il sont rechargés.

» — Partons alors.

» On nous tenait nos chevaux prêts ; je plaçai mes pistolets dans leurs fontes ; je remarquai que mon père mettait une nouvelle amorce aux siens.

» Nous partîmes.

» Vers onze heures du matin, nous atteignîmes une ville où s'agitait une grande foule ; c'était jour de marché et tous les paysans des environs y affluaient.

» Nous mîmes nos chevaux au pas et nous atteignîmes la place. Pendant toute la route, mon père était demeuré muet; mais cela ne m'avait point étonné : il passait parfois des journées entières sans prononcer une parole.

» En arrivant sur la place, nous nous arrêtâmes; il se haussa sur ses étriers et jeta les yeux de tous côtés.

» Devant un café se tenait un groupe d'hommes mieux vêtus que les autres; au milieu de ce groupe, une espèce de gentilhomme campagnard, à l'air insolent, parlait haut, et, gesticulant avec une cravache qu'il tenait à la main, s'amusait à en frapper indifféremment les hommes et les animaux qui passaient à sa portée.

» Mon père me toucha le bras ; je me retournai de son côté : il était fort pâle.

» — Qu'avez-vous mon père ? lui demandai-je.

» — Rien, me dit-il. — Vois-tu cet homme ?

» — Lequel ?

» — Celui qui a des cheveux roux.

» — Je le vois.

» — Je vais m'approcher de lui et lui dire quelques paroles. Quand je lèverai le doigt au ciel, tu feras feu et tu lui mettras la balle au milieu du front. Entends-tu ? Juste au milieu du front. — Apprête ton pistolet.

» Sans répondre, je tirai mon pistolet de ma fonte, mon père s'approcha de l'homme, lui dit quelques mots ; l'homme pâlit. Mon père me montra du doigt le ciel.

» Je fis feu, la balle atteignit l'homme roux au milieu du front : il tomba mort.

» Il se fit un grand tumulte et on voulut nous barrer le chemin ; mais mon père éleva la voix.

» — Je suis Joseph Maggio-Palmieri, dit-il ; et celui-ci, ajouta-t-il en me montrant du doigt, *c'est le fils de la morte !*

» La foule s'ouvrit devant nous et nous sortimes de la ville sans que nul pensât à nous arrêter ou à nous poursuivre.

Une fois hors de la ville, nous mimes nos chevaux au galop et nous ne nous arrêtâmes qu'au couvent du Mont-Cassin.

» Le soir, mon père me raconta l'histoire que je vais vous raconter à mon tour.

VIII

LE DROIT D'ASILE.

La première partie de l'histoire que venait de raconter le jeune homme avait paru tellement étrange à ses auditeurs, qu'ils l'avaient écoutée attentifs, muets et sans l'interrompre ; en outre, il put se convaincre, par le silence qu'ils continuaient de garder pendant la pause d'un instant qu'il fit, de l'intérêt qu'ils attachaient à sa narration et du désir qu'ils éprouvaient d'en connaitre la fin, ou plutôt le commencement.

Aussi n'hésita-t-il point à reprendre son récit.

— Notre famille continua-t-il, habitait de temps immémoral la ville de Larino, dans la province de Molise : elle avait nom Maggio-Palmieri. Mon père Giuseppe Maggio-Palmieri, ou plutôt Giuseppe Palmieri, comme on l'appelait plus communément, vint, vers 1778, achever ses études à l'école de chirurgie de Naples.

— Je l'ai connu, ajouta Dominique Cirillo; c'était un brave et loyal jeune homme, mon cadet de quelques années; il est retourné dans sa province vers 1771, à l'époque où je venais d'être nommé professeur; au bout de quelque temps, nous avons entendu dire qu'à la suite d'une querelle avec le seigneur de son pays, querelle dans laquelle il y avait eu du sang répandu, il avait été forcé de s'exiler.

— Soyez béni et honoré, dit Salvato en s'inclinant, vous qui avez connu mon père et qui lui rendez justice devant son fils.

— Continuez, continuez! dit Cirillo; nous vous écoutons.

— Continuez! reprirent après lui, et d'une seule voix, les autres conjurés.

— Donc, vers l'année 1771, comme vous l'avez dit, Giuseppe Palmieri quitta Naples, emportant le diplôme de docteur, et jouissant d'une réputation d'habileté que plusieurs cures fort difficiles, accomplies heureusement par lui, ne permettaient pas de mettre en doute.

» Il aimait une jeune fille de Larino, nommée Luisa-Angiolina Ferri. Fiancés avant leur séparation, les deux amants s'étaient fidèlement gardé leur foi pendant les trois années d'absence ; leur mariage devait être la principale fête du retour.

» Mais, en l'absence de mon père, un événement qui avait la gravité d'un malheur était arrivé : le comte de Molise était devenu amoureux d'Angiolina Ferri.

» Vous savez mieux que moi, vous qui habitez le pays, ce que sont nos barons provinciaux et les droits qu'ils prétendent tenir de leur puissance féodale ; un de ces droits était d'accorder ou de refuser, selon leur bon plaisir, à leurs vassaux, la permission de se marier.

» Mais ni Joseph Palmieri ni Angiolina Ferri n'étaient les vassaux du comte de Molise. Tous deux étaient nés libres et ne relevaient que d'eux-mêmes ; il y avait plus : mon père, par la fortune, était presque son égal.

» Le comte avait tout employé, menaces et promesses, pour obtenir un regard d'Angiolina ; tout s'était brisé contre une chasteté dont le nom de la jeune fille semblait être le symbole.

» Le comte donna une grande fête et l'invita. Pendant cette fête, qui devait avoir lieu non-seulement dans le château, mais encore dans les jardins du comte, son frère, le baron de Boïano, s'était chargé l'enlever Angiolina et de la transporter de l'autre côté du Tortore, dans le château de Tragonara.

» Angiolina, invitée, comme toutes les dames de Larino, feignit, pour ne point assister à la fête, une indisposition.

» Le lendemain, ne gardant plus aucune mesure, le comte de Molise envoya ses *campieri* pour enlever la jeune fille, qui n'eut que le temps, tandis que ceux-ci forçaient la porte de la rue, de fuir par celle du jardin et de se réfugier au palais épiscopal, lieu doublement sacré par lui-même et par le voisinage de la cathédrale.

» A ce double titre, il jouissait du droit d'asile.

» Voilà donc le point où les choses en étaient lorsque Giuseppe Palmieri revint à Larino.

» Le siége épiscopal était, par hasard, vacant à cette époque. Un vicaire remplaçait l'évêque ; Giuseppe Palmieri alla trouver ce vicaire, ami de sa famille, et le mariage eut lieu secrètement dans la chapelle de l'évêché.

» Le comte de Molise apprit ce qui s'était passé, et, tout enragé de colère qu'il était, il respecta les priviléges du lieu ; mais il plaça tout autour du palais des hommes d'armes chargés de surveiller ceux qui entraient dans le palais épiscopal et surtout ceux qui en sortaient.

» Mon père savait bien que ces hommes d'armes étaient là, à son intention surtout, et que, si sa femme courait risque de l'honneur, lui courait risque de la vie. Un crime coûte peu à nos seigneurs féodaux ; sûr de l'impunité, le comte de Molise avait cessé depuis longtemps de tenir registre des assassinats qu'il avait commis lui-même ou fait commettre par ses sbires.

» Les hommes du comte faisaient bonne garde ; on disait qu'Angiolina vivante valait dix mille ducats, et mon père mort cinq mille.

» Mon père resta quelque temps caché au palais épiscopal ; mais, par malheur, il n'était pas homme à subir longtemps une pareille contrainte. Ennuyé de sa captivité, Giuseppe Palmieri résolut un jour d'en finir avec son persécuteur.

» Or, le comte de Molise avait l'habitude de sortir tous les jours en voiture de son palais, une heure ou deux avant l'*Ave Maria*, et d'aller faire une promenade jusqu'au couvent des Capucins, situé à environ deux milles de distance de la ville ; arrivé là, le comte donnait invariablement au cocher l'ordre de revenir au palais; le cocher tournait bride, et, au petit trot, presque au pas, le comte reprenait le chemin de la ville.

» A mi-chemin de Larino au couvent, se trouve la fontaine de San-Pardo, patron du pays, et çà et là, autour de la fontaine, des fourrés et des haies.

» Giuseppo Palmieri sortit du palais épiscopal en habit de moine, et dépista tous ses gardiens. Sous sa robe, il cachait une paire d'épées et une paire de pistolets.

» Arrivé à la fontaine de San-Pardo, le lieu lui parut propice; il s'y arrêta et se cacha derrière une haie. La voiture du comte passa, il la laissa passer : il y avait encore une heure de jour.

» Une demi-heure après, il entendit le roulement de la voiture qui revenait; il dépouilla sa robe de moine et se retrouva avec ses habits ordinaires.

» La voiture approchait.

» D'une main, il prit les épées hors de leur fourreau, de l'autre, les pistolets tout armés, et alla se placer au milieu de la route.

» En voyant cet homme, auquel il soupçonnait de mauvaises intentions, le cocher prit un des bas côtés du chemin; mais mon père n'eut qu'un mouvement à faire pour se retrouver en face des chevaux.

» — Qui es-tu et que veux-tu? lui demanda le comte en se soulevant dans sa voiture.

» — Je suis Giuseppe Maggio-Palmieri, lui répondit mon père ; je veux ta vie.

» — Coupe la figure de ce drôle d'un coup de fouet, dit le comte à son cocher, et passe !

» Et il se recoucha dans sa voiture.

» Le cocher leva son fouet ; mais, avant que le fouet fût retombé, mon père avait tué le cocher d'un coup de pistolet.

» Il roula de son siége à terre.

» Les chevaux demeurèrent immobiles ; mon père marcha à la voiture et ouvrit la portière.

» — Je ne viens point ici pour t'assassiner, quoique j'en aie le droit, étant en cas de légitime défense, mais pour me battre loyalement avec toi, dit-il au comte. Choisis : voici deux épées d'égale longueur, voici deux pistolets ; des deux pistolets, un seul est chargé ; ce sera véritablement le jugement de Dieu.

» Et il lui présenta, d'une main, les deux poignées d'épée, et, de l'autre, les deux crosses de pistolet.

» — On ne se bat point avec un vassal, reprit le comte ; on le bat.

» Et, levant sa canne, il en frappa mon père à la joue.

» Mon père prit le pistolet chargé et le déchargea à bout portant dans le cœur du comte.

» Le comte ne fit pas un mouvement, ne jeta pas un cri ; il était mort.

» Mon père reprit sa robe de moine, remit ses épées au fourreau, rechargea ses pistolets, et rentra au palais épiscopal aussi heureusement qu'il en était sorti.

» Quant aux chevaux, se sentant libres, il se remirent en route d'eux-mêmes, et, comme ils connaissaient parfaitement la route, qu'ils faisaient deux fois par jour, d'eux-mêmes encore ils revinrent au palais du comte ; mais, chose singulière, au lieu de s'arrêter devant le pont en bois qui conduisait à la porte du château, comme s'ils eussent compris qu'ils menaient non pas un vivant, mais un mort, ils continuèrent leur chemin et ne s'arrêtèrent qu'au seuil d'une petite église placée sous l'invocation de saint François, dans laquelle le comte disait toujours qu'il voulait être enterré.

» Et, en effet, la famille du comte, qui connaissait son désir, ensevelit le cadavre dans cette église et lui éleva un tombeau.

» L'événement fit grand bruit ; la lutte engagée entre mon père et le comte était publique, et il va sans dire que toutes les sympathies étaient pour mon père ;

personne ne doutait que ce dernier ne fût l'auteur du meurtre, et, comme si Giuseppe Palmieri eût désiré lui-même que l'on n'en doutât point, il avait envoyé une somme de dix mille francs à la veuve du cocher.

» Le frère cadet du comte héritait de toute sa fortune; il déclara en même temps hériter de sa vengeance. C'était celui qui avait voulu aider son frère à enlever Angiolina; c'était un misérable qui, à vingt et un ans, avait commis déjà trois ou quatre meurtres. Quant aux rapts et aux violences, on ne les comptait pas.

» Il jura que le coupable ne lui échapperait point, doubla les gardes qui entouraient le palais épiscopal et en prit lui-même le commandement.

» Maggio-Palmieri continua de se tenir caché dans le palais épiscopal. Sa famille et celle de sa femme leur apportaient tout ce dont ils avaient besoin en vivres et en vêtements. Angiolina était enceinte de cinq mois; ils étaient tout à eux-mêmes, c'est-à-dire tout à leur amour, aussi heureux qu'on peut l'être sans la liberté.

» Deux mois s'écoulèrent ainsi; on arriva au 26 mai, jour où l'on célèbre à Larino la fête de saint Pardo, qui, comme je vous l'ai dit, est le patron de la ville.

» Ce jour-là, il se fait une grande procession; les

métayers ornent leurs chars de tentures, de guirlandes, de feuillages et de banderoles de toutes couleurs ; ils y attellent des bœufs aux cornes dorées, qu'ils couvrent de fleurs et de rubans; ces chars suivent la procession, qui porte par les rues le buste du saint, accompagnée par toute la population de Larino et des villages voisins, chantant les louanges du bienheureux. Or, cette procession, pour entrer à la cathédrale et pour en sortir, devait passer devant le palais épiscopal qui donnait asile aux deux jeunes gens.

» Au moment où la procession et le peuple, arrêtés sur la grande place de la ville, chantaient et dansaient autour du char, Angiolina, croyant à la trêve de Dieu, s'approcha d'une fenêtre, imprudence que son mari lui avait pourtant bien recommandé de ne pas commettre. Le malheur voulut que le frère du comte fût sur la place, juste en face de cette fenêtre; il reconnut Angiolina à travers la vitre, arracha le fusil des mains d'un soldat, ajusta et lâcha le coup.

» Angiolina ne jeta qu'un cri et ne prononça que deux paroles :

» — Mon enfant!

» Au bruit du coup, au fracas de la vitre cassée, au cri poussé par sa femme, Giuseppe Palmieri accourut assez à temps pour la recevoir dans ses bras.

» La balle avait frappé Angiolina juste au milieu du front.

» Fou de douleur, son mari la prit dans ses bras, la porta sur son lit, se courba sur elle, la couvrit de baisers. Tout fut inutile. Elle était morte !

» Mais, dans cette douloureuse et suprême étreinte, l sentit tout à coup l'enfant qui tressaillait dans le sein de la morte.

» Il poussa un cri, une lueur traversa son cerveau, et, à son tour, il laissa échapper de son cœur ces deux mots :

» — Mon enfant !

» La mère était morte, mais l'enfant vivait ; l'enfant pouvait être sauvé.

» Il fit un effort sur lui-même, étancha la sueur qui perlait sur son front, essuya les pleurs qui coulaient de ses yeux, et, se parlant à lui-même, il murmura ces deux mots :

» — Sois homme.

» Alors, il prit sa trousse, l'ouvrit, choisit le plus acéré de ses instruments, et, tirant la vie du sein de la mort, il arracha l'enfant aux entrailles déchirées de la mère.

» Puis, tout sanglant, il le mit dans un mouchoir qu'il noua aux quatre coins, prit le mouchoir entre ses dents, un pistolet de chaque main, et, tout sanglant lui-même, les bras nus et rougis jusqu'au coude, mesurant du regard la place qu'il avait à traverser, les ennemis qu'il avait à combattre, il s'élança à travers les degrés, ouvrit la porte du palais épiscopal et fondit tête baissée au milieu de la population en criant les dents serrées :

» — Place au FILS DE LA MORTE !

» Deux hommes d'armes voulurent l'arrêter, il les tua tous deux ; un troisième essaya de lui barrer le passage, il l'étendit à ses pieds assommé d'un coup de crosse de pistolet ; il traversa la place, essuya le feu des gardes du château, devant lequel il devait passer, sans qu'aucune balle l'atteignît, gagna un bois, traversa le Biferno à la nage, trouva dans une prairie un cheval qui paissait en liberté, s'élança sur son dos, gagna Manfredonia, prit passage sur un bâtiment dalmate qui levait l'ancre, et gagna Trieste..

» L'enfant, c'était moi. Vous savez le reste de l'aventure, et comment, quinze ans après, *le fils de la morte* vengeait sa mère.

» Et, maintenant, ajouta le jeune homme, maintenant que je vous ai raconté mon histoire, maintenant que vous me connaissez, occupons-nous de ce que je suis venu faire ; il me reste une seconde mère à venger : la patrie ! »

IX

LA SORCIÈRE.

Pour l'intelligence des faits que nous racontons, et surtout pour l'harmonie que ces faits doivent forcément conserver entre eux, il faut que nos lecteurs abandonnent un instant la partie politique de cet ouvrage, à laquelle, à notre grand regret, nous n'avons pas pu donner une moindre extension, pour continuer avec nous une excursion dans les parties pittoresques qui s'y rattachent de telle façon, que nous ne saurions séparer l'une de l'autre. En conséquence, nous allons, s'ils veulent bien toujours nous prendre pour guide, repasser sur la planche que, dans son empressement à apporter la corde qui devait si puissamment aider au salut du héros de notre histoire, — car notre intention n'est pas de cacher plus longtemps que nous lui destinons ce rôle, — Nicolino Caracciolo a oublié d'enlever de son double appui; puis, la planche repassée, remonter le talus, sortir par la même porte qui nous a donné passage pour entrer, redescendre la pente du Pausilippe, jusqu'à ce qu'ayant dépassé le tombeau de Sannazar et le casino du roi Ferdinand, nous fassions, au milieu de Mergellina, halte entre le casino du roi Ferdinand et la fontaine du Lion, devant une maison communément appelée à Naples la maison du Palmier, parce que, dans le jardin de cette maison, un élégant individu de cette famille panache au-dessus d'un dôme d'orangers tout constellés de leurs fruits d'or, et qu'il domine des deux tiers de sa hauteur.

Cette maison, bien désignée à la curiosité de nos lecteurs, — de peur d'effaroucher ceux qui pourraient avoir affaire à une petite porte percée dans le mur, qui fait justement face au point où nous sommes arrêtés, — nous allons quitter la rue, longer le mur du jardin et gagner une pente, de laquelle nous pourrons, en nous haussant sur la pointe des pieds, surprendre peut-être quelques-uns des secrets que ses murailles renferment.

Et ce doivent être des secrets charmants et auxquels nos lecteurs ne pourront manquer d'accorder toute leur sympathie, rien qu'à voir celle qui va nous les livrer.

En effet, malgré le tonnerre qui gronde, malgré l'éclair qui luit, malgré le vent qui, en passant plus furieux et plus strident que jamais, secoue les orangers dont les fruits, se détachant de leurs branches, tombent comme une pluie d'or, et tord sous ses rafales réitérées le palmier dont les longs panaches semblent des tresses échevelées, une jeune femme de vingt-deux à vingt-trois ans, en peignoir de batiste, un voile de dentelle jeté sur la tête, apparaît de temps en temps sur un perron de pierre conduisant du jardin au premier étage, où semblent être les appartements d'habitation, s'il faut en juger par un rayon de lumière qui, chaque fois qu'elle ouvre la porte, se projette de l'intérieur à l'extérieur.

Ses apparitions ne sont pas longues ; car, à chaque fois qu'elle apparaît et qu'un éclair brille ou qu'un coup de tonnerre se fait entendre, elle pousse un petit cri, fait un signe de croix et rentre, la main appuyée sur sa poitrine, comme pour y comprimer les battements précipités de son cœur.

Celui qui la verrait, malgré la crainte que lui cause la perturbation de l'atmosphère, rouvrir avec obstination, de cinq minutes en cinq minutes, cette porte, que chaque fois elle ouvre avec hésitation et referme avec terreur, offrirait bien certainement de parier que toute cette impatience et toute cette agitation sont celles d'une amante inquiète ou jalouse, attendant ou épiant l'objet de son affection.

Eh bien, celui-là se tromperait ; aucune passion n'a encore terni la surface de ce cœur, véritable miroir de chasteté, et, dans cette âme où tous les sentiments sensuels et ardents sommeillent encore, une curiosité enfantine veille seule, et c'est elle qui, empruntant la puissance d'une de ces passions inconnues jusqu'alors, cause tout ce trouble et toute cette agitation.

Son frère de lait, le fils de sa nourrice, un lazzarone de la Marinella, sur ses vives instances, a promis de lui amener une vieille Albanaise, dont les prédictions passent pour infaillibles ; au reste, ce n'est point d'elle seulement que date cet esprit sibyllique que ses aïeules ont recueilli sous les chênes de Dodone, depuis que sa famille, à la mort de Scanderberg le Grand, c'est-à-dire en 1467, a quitté les bords de l'Aoüs pour les montagnes de la Calabre, jamais une génération ne s'est éteinte sans que le vent qui passe au-dessus des cimes glacées du Tomero n'ait apporté à quelque pythie moderne le souffle de la divination, héritage de sa famille.

Quant à la jeune femme qui l'attend, un vague instinct lui fait craindre et désirer à la fois de connaître l'avenir dans lequel s'égarent, en frissonnant, des pressentiments étranges, et son frère de lait lui a promis de lui amener le soir même, à minuit, heure cabalistique, celle qui pourra — tandis que son mari est retenu jusqu'à deux heures du matin aux fêtes de la cour — lui révéler les mystérieux secrets de cet avenir qui jette des ombres sur ses veilles et des lueurs dans ses rêves.

Elle attend donc tout simplement le lazzarone Michel le Fou et la sorcière Nanno.

D'ailleurs, nous allons bien voir si l'on nous a trompé.

Trois coups frappés à égale distance ont retenti à la petite porte du jardin, au moment même où, des nuages livides et jaunâtres, commencent à tomber de larges gouttes de pluie. Au bruit de ces trois coups, quelque chose comme un flot de gaze glisse le long de la rampe du perron, la porte du jardin s'ouvre, donne passage à deux nouveaux personnages et se referme sur eux. L'un de ces personnages est un homme, l'autre une femme; l'homme porte des caleçons de toile, le bonnet de laine rouge et le caban du pêcheur de la Marinella; la femme est enveloppée d'un grand manteau noir aux épaules duquel brilleraient, si l'on pouvait les distinguer, quelques fils d'or fanés, reste d'une ancienne broderie : on ne voit rien, du reste, de son costume, et ses deux yeux seuls brillent dans l'ombre que projette le capuchon qui recouvre sa tête.

En traversant l'espace qui sépare la porte des premières marches du perron, la jeune femme a trouvé moyen de dire au lazzarone :

— Si fou que tu sois ou qu'on te croie, tu ne lui as pas dit qui j'étais, n'est-ce pas, Michele ?

— Non, sur la madone, elle ignore jusqu'à la première lettre de ton nom, petite sœur.

Arrivée au haut du peiron, la jeune femme entra la première ; le lazzarone et la sorcière la suivirent.

Lorsqu'ils traversèrent la première pièce, on put voir la tête d'une jeune camériste soulevant une portière de tapisserie et suivant d'un regard curieux sa maîtresse et les hôtes bizarres qu'elle introduisait chez elle.

Derrière eux la portière retomba.

Entrons à notre tour. La scène qui va se passer aura trop d'influence sur les événements à venir pour que nous ne la racontions pas dans tous ses détails.

La lumière dont nous avons vu le rayon transparaître jusque dans le jardin venait d'un petit boudoir décoré à la manière de Pompéi, avec des divans et des rideaux de soie rose, brochés de fleurs d'un bleu clair ; la lampe qui jetait cette lueur était enfermée dans un globe d'albâtre répandant sur tous les objets un reflet nacré ; elle était posée sur une table de marbre blanc dont le pied unique était un griffon aux ailes étendues. Un fauteuil de forme grecque, qui, par la pureté de sa sculpture, eût pu réclamer sa place dans le boudoir d'Aspasie, indiquait que l'œil d'un amateur avait présidé aux moindres détails de cet ameublement.

Une porte placée en face de celle qui avait donné entrée à nos trois personnages s'ouvrait sur une file de chambres régnant dans toute la longueur de la maison ; la dernière de ces chambres attenait non-seulement à la maison voisine, mais encore avait une communication avec elle.

Ce fait avait sans doute, aux yeux de la jeune femme, une certaine importance, car elle le fit remarquer à Michel en lui disant :

— Dans le cas où mon mari rentrerait, Nida viendrait nous prévenir, et vous sortiriez par la maison de la duchesse Fusco.

— Oui, madame, répondit Michel en s'inclinant avec respect.

En entendant ces dernières paroles, la sorcière, qui était en train de dépouiller son manteau, se retourna, et, avec un accent qui n'était pas exempt d'une certaine amertume :

— Depuis quand les frères d'un même lait ne se tutoient-ils plus ? demanda-t-elle. Ceux qui ont été pendus à la même mamelle ne sont-ils pas aussi proches parents que ceux qui ont été portés dans le même sein ? Tutoyez-vous, enfants, continua-t-elle avec douceur; cela fait plaisir à Dieu, de voir ses créatures s'aimer, malgré la distance qui les sépare.

Michel et la jeune femme se regardèrent avec étonnement.

— Quand je te dis qu'elle est véritablement sorcière, petite sœur! s'écria Michel, et c'est ce qui me fait trembler.

— Et pourquoi cela te fait-il trembler, Michel? demanda la jeune femme.

— Sais-tu ce qu'elle m'a prédit, à moi, pas plus tard que ce soir avant de venir?

— Non.

— Elle m'a prédit que je ferais la guerre, que je deviendrais colonel et que je serais...

— Quoi?

— C'est difficile à dire.

— Dis toujours.

— Et que je serais pendu.

— Ah! mon pauvre Michel!

— Ni plus ni moins.

La jeune femme reporta avec une certaine terreur ses yeux sur l'Albanaise; celle-ci avait complétement dépouillé son manteau, qui gisait à terre, et elle apparaissait dans son costume national, flétri par un long usage, mais riche encore; seulement, ce ne fut point le turban blanc broché de fleurs autrefois brillantes, qui serrait sa tête et d'où s'échappaient de longues mèches de cheveux noirs mêlés de fils d'argent; ce ne fut point son corsage rouge broché d'or, ce ne fut point enfin son jupon couleur de brique à bandes noires et bleues qu'elle remarqua; ce furent les yeux gris et perçants de la sorcière, fixés sur elle comme s'ils eussent voulu lire au plus profond de son cœur.

— O jeunesse! jeunesse curieuse et imprudente! murmura la sorcière, seras-tu donc toujours poussée, par une puissance plus forte que ta volonté, à aller au-devant de cet avenir qui vient si vite au-devant de toi?

A cette apostrophe inattendue, faite d'une voix aiguë et stridente, un frisson passa par les veines de la jeune femme, et elle se repentit presque d'avoir appelé Nanno.

— Il est encore temps, dit celle-ci, comme si aucune pensée ne pouvait échapper à son œil avide et pénétrant. La porte qui nous a donné entrée est encore ouverte, et la vieille Nanno a trop souvent dormi sous l'arbre de Bénévent pour n'être pas habituée au vent, au tonnerre et à la pluie.

— Non, non, murmura la jeune femme. Puisque vous voilà, restez!

Et elle tomba assise sur le fauteuil placé près de

la table, la tête renversée en arrière et exposée à toute la lumière de la lampe.

La sorcière fit deux pas de son côté, et, comme se parlant à elle-même :

— Cheveux blonds et yeux noirs, dit-elle : grands, beaux, clairs, humides, veloutés, voluptueux.

La jeune femme rougit et couvrit son visage de ses deux mains.

— Nanno! murmura-t-elle.

Mais celle-ci ne parut pas l'entendre, et, s'attaquant aux mains qui empêchaient qu'elle ne poursuivît l'examen du visage, elle continua :

— Les mains sont grasses, potelées; la peau en est rosée, douce, fine, mate et vivante tout à la fois.

— Nanno! dit la jeune femme écartant ses mains comme pour les cacher, mais démasquant un visage souriant, je ne vous ai point appelée pour me faire des compliments.

Mais Nanno, sans écouter, continua, et, se reprenant à la figure qu'on lui livrait de nouveau :

— Le front beau, blanc, pur, sillonné de veines azurées. Les sourcils noirs, bien dessinés, commençant à la racine du nez, et entre les deux sourcils, trois ou quatre petites lignes brisées. Oh! belle créature! tu es bien consacrée à Vénus, va !

— Nanno! Nanno! s'écria la jeune femme.

— Mais laisse-la donc tranquille, petite sœur, dit Michel. Elle prétend que tu es belle ; est-ce que tu ne le sais pas? est-ce que ton miroir ne te le dit pas tous les jours? est-ce que quiconque te voit n'est pas de l'avis de ton miroir? est-ce que tout le monde ne dit pas que le chevalier San-Felice porte un nom prédestiné, puisque, *heureux* de nom, il l'est aussi en effet (1).

— Michel! fit la jeune femme mécontente que son frère de lait révélât ainsi son nom en révélant celui de son mari.

Mais, tout à son examen, la sorcière continua :

— La bouche est petite, vermeille ; la lèvre supérieure est un peu plus grosse que la lèvre inférieure ; les dents sont blanches, bien rangées ; les lèvres sont couleur de corail ; le menton est rond ; la voix est molle, un peu trainante, s'enrouant facilement. Vous êtes née un vendredi, n'est-ce pas, à minuit ou bien près de minuit?

— C'est vrai, murmura la jeune femme d'une voix, en effet, légèrement enrouée par l'émotion qu'elle éprouvait et à laquelle elle cédait, malgré ses efforts; ma mère m'a dit souvent que mon premier cri s'était

---

(1) Inutile de dire que la traduction de *San-Felice* est *sainte heureuse.*

mêlé aux dernières vibrations de la pendule sonnant les douze heures qui séparaient le dernier jour d'avril du premier jour de mai.

— Avril et mai, les mois des fleurs ! Un vendredi, le jour consacré à Vénus ! Tout s'explique. Voilà pourquoi Vénus domine, reprit la sorcière. Vénus ! la seule déesse qui ait conservé son empire sur nous, quand tous les autres dieux ont perdu le leur. Vous êtes née sous l'union de Vénus et de la Lune, et c'est Vénus qui l'emporte et qui vous donne ce cou blanc, rond, de moyenne longueur, que nous appelons *la tour d'ivoire*; c'est Vénus qui vous donne ces épaules arrondies, un peu tombantes ; ces cheveux ondoyants, soyeux, épais ; ce nez élégant, rond, aux narines dilatées et sensuelles.

— Nanno ! fit la jeune femme d'une voix plus impérative en se dressant tout debout et appuyant sa main sur la table.

Mais l'interruption fut inutile.

— C'est Vénus, continua l'Albanaise, qui vous donne cette taille souple, ces attaches fines, ces pieds d'enfant ; c'est Vénus qui vous donne le goût de la mise élégante, des vêtements clairs, des couleurs tendres ; c'est Vénus qui vous fait douce, affable, naïve, portée à l'amour romanesque, portée au dévouement.

— Je ne sais si je suis prompte au dévouement, Nanno, dit la jeune femme d'un ton radouci et presque triste ; mais, à coup sûr, tu te trompes à l'endroit de l'amour.

Puis, retombant sur son fauteuil comme si ses jambes eussent à peu près perdu la force de la porter :

— Car jamais je n'ai aimé ! continua-t-elle avec un soupir.

— Tu n'as jamais aimé reprit Nanno ; et à quel âge dis-tu cela ? A vingt-deux ans, n'est-ce pas ?... Mais attends, attends !

— Tu oublies que je suis mariée, dit la jeune femme d'une voix languissante, et à laquelle elle essayait vainement de donner de la fermeté, — et que j'aime et je respecte mon mari.

— Oui, oui ! je sais tout cela, répliqua la sorcière ; mais je sais aussi qu'il a près de trois fois ton âge. Je sais que tu l'aimes et que tu le respectes ; mais je sais que tu l'aimes comme un père et que tu le respectes comme un vieillard. Je sais que tu as l'intention, la volonté même de rester pure et vertueuse ; mais que peuvent l'intention et la volonté contre l'influence des astres ? — Ne t'ai-je pas dit que tu étais née de l'union de Vénus et de la Lune, les deux astres d'amour ? Mais peut-être échapperas-tu à leur influence. — Voyons ta main. Job, le grand prophète, a dit : « Dans la main des hommes, Dieu a mis les signes qui font reconnaitre son œuvre. »

Et elle étendit vers la jeune femme sa main ridée, osseuse et noire, dans laquelle vint, comme par une influence magique, se placer la main douce, blanche et fine de la San-Felice.

X

L'HOROSCOPE.

C'était la main gauche, celle où les cabalistes anciens prétendaient, et où les cabalistes modernes prétendent encore lire les secrets de la vie.

Nanno regarda un instant le dessus de cette main charmante avant de la retourner pour lire dans l'intérieur, comme on tient un instant dans sa main, sans se presser de l'ouvrir, un livre qui doit vous révéler des choses inconnues et surnaturelles.

En la regardant comme on regarde un beau marbre, elle murmurait :

— Les doigts lisses, allongés, sans nœuds; les ongles roses, étroits, pointus; main d'artiste s'il en fut, main destinée à tirer des sons de tous les instruments, cordes de la lyre — ou fibres du cœur.

Elle retourna enfin cette main frissonnante, qui

faisait un contraste si merveilleux avec sa main bronzée, et un sourire d'orgueil éclos sur ses lèvres illumina tout son visage.

— Ne l'avais-je pas deviné ! dit-elle.

La jeune femme la regarda avec anxiété. Michel, de son côté, s'approcha comme s'il eût connu quelque chose à la chiromancie.

— Commençons par le pouce, reprit la sorcière ; c'est lui qui résume tous les autres signes de la main : le pouce est l'agent principal de la volonté et de l'intelligence ; les idiots naissent ordinairement sans pouces ou avec des pouces difformes ou atrophiés (1) ; les épileptiques, dans leurs crises, ferment leurs pouces avant les autres doigts. Pour conjurer le mauvais œil, on étend l'index et l'auriculaire, et l'on cache les pouces dans la paume de la main.

— Cela est vrai, petite sœur, s'écria Michel, c'est ainsi que je fais quand j'ai le malheur de rencontrer sur mon chemin le chanoine Jorio.

— La première phalange du pouce, celle qui porte l'ongle, continua Nanno, est le signe de la volonté. Vous avez la première phalange du pouce courte ; donc, vous êtes faible, sans volonté, facile à entraîner.

— Faut-il que je me fâche ? demanda en riant

(1) Voir, du reste, pour les études sur la main, le livre de mon excellent ami Desbarrolles.

celle à qui était donnée cette explication plus vraie que flatteuse.

— Voyons le mont de Vénus, dit la sorcière en allongeant son ongle, que l'on eût dit une griffe de corne enchâssée dans l'ébène, sur la partie charnue et renflée qui faisait la base du pouce ; toute cette portion de la main dans laquelle sont compris la génération et les désirs matériels, est consacrée à l'irrésistible déesse ; la ligne de vie l'entoure comme un ruisseau qui coule au bas d'une colline et l'isole comme une île. — Vénus, qui a présidé à votre naissance, Vénus, qui, pareille à ces fées, marraines prodigieuses des jeunes princesses, Vénus, qui vous a donné la grâce, la beauté, la mélodie, l'amour des belles formes, le désir d'aimer, le besoin de plaire, la bienveillance, la charité, la tendresse, Vénus se montre ici plus puissante que jamais. — Ah ! si nous pouvions trouver les autres lignes aussi favorables que celles-ci, quoique...

— Quoique ?...

— Rien.

La jeune femme regarda la sorcière, dont les sourcils s'étaient froncés un instant.

— Il y a donc d'autres lignes que celles de vie ? demanda-t-elle.

— Il y en a trois : ce sont ces trois lignes qui forment dans la main l'*M* majuscule, que le vulgaire indique comme la première lettre du mot *Mort*, signe terrible, chargé par la nature elle-même de rappeler à l'homme qu'il est mortel; les deux autres sont la ligne du cœur; la voici : elle s'étend de la base de l'index à celle du petit doigt; maintenant, voyez la ligne de tête, c'est celle qui coupe en deux le milieu de la main.

Michel s'approcha de nouveau et donna une attention profonde à la démonstration de la sorcière.

— Pourquoi ne m'as-tu pas expliqué tout cela à moi? lui demanda-t-il. Me croyais-tu trop bête pour te comprendre?

Nanno haussa les épaules sans lui répondre; mais, continuant de s'adresser à la jeune femme:

— Suivons d'abord la ligne du cœur, dit-elle; regarde comme elle s'étend depuis le mont de Jupiter, c'est-à-dire depuis la base de l'index, jusqu'au mont de Mercure, c'est-à-dire jusqu'à la base du petit doigt. Elle indique, restreinte, une grande chance de bonheur : trop étendue, comme chez toi, elle indique une probabilité de souffrances terribles; elle se brise sous Saturne, c'est-à-dire sous le médium, c'est fatalité; elle est d'un rouge vif qui tranche avec la mate blancheur de ta main, c'est amour, ardent jusqu'à la violence.

— Et voilà justement ce qui m'empêche de croire à tes prédictions, Nanno, dit la San-Felice en souriant; mon cœur est tranquille.

— Attends, attends, t'ai-je dit, répliqua la sorcière en s'exaltant; attends, attends, incrédule! car le moment où un grand changement doit se faire dans ta destinée n'est pas loin. Puis encore un signe funeste: regarde! La ligne du cœur s'unit, comme tu le vois, à la ligne de tête, entre le pouce et l'index, signe funeste, mais qui peut cependant être combattu par un signe contraire dans l'autre main. Voyons la main droite!

La jeune femme obéit et tendit à la sibylle la main que celle-ci lui demandait.

Nanno secoua la tête.

— Même signe, dit-elle, même jonction.

Et, pensive, elle laissa retomber la main; puis, comme elle restait rêveuse et gardant le silence :

— Parle donc, dit la jeune femme, puisque je te répète que je ne te crois pas.

— Tant mieux, tant mieux, murmura Nanno; puisse la science se tromper; puisse l'infaillible faillir!

— Qu'indique donc la jonction de ces deux lignes?

— Blessure grave, emprisonnement, danger de mort.

— Ah! si tu me menaces de souffrances physiques, Nanno, tu vas me voir faiblir... N'as-tu pas dit toi-même que je n'étais pas brave? Et où serai-je blessée? Dis!

— C'est bizarre! à deux endroits : au cou et au côté.

Puis, laissant retomber la main gauche comme elle avait laissé retomber la main droite :

— Mais peut-être y échapperas-tu, continua-t-elle; espérons!

— Non pas, reprit la jeune femme, achève. Tu ne devais rien me dire ou tu dois me dire tout.

— J'ai tout dit.

— Ton accent et tes yeux me prouvent que non ; d'ailleurs, tu as dit qu'il y avait trois lignes : la ligne de vie, la ligne de cœur et la ligne de tête.

— Eh bien?

— Eh bien, tu n'en as examiné que deux, la ligne de vie et la ligne de cœur. Reste la ligne de tête.

Et, d'un geste impératif, elle tendit la main à la sorcière.

Celle-ci la prit, et, en affectant l'indifférence :

— Tu peux le voir comme moi, dit-elle, la ligne de tête traversant la plaine de Mars, s'incline sous le mont de la Lune. Cela signifie : rêve, idéalisme, imagination, chimère ; — la vie comme elle est dans la lune, enfin, et non point ici-bas.

Tout à coup Michel, qui regardait avec attention la main de sa sœur, poussa un cri :

— Regarde donc, Nanno ! dit-il.

Et il indiqua du doigt, avec l'expression de la plus profonde terreur, un signe de la main de sa sœur de lait.

Nanno détourna la tête.

— Mais regarde donc, te dis-je ! Luisa a dans le creux de la main le même signe que moi.

— Imbécile ! fit Nanno.

— Imbécile tant que tu voudras, s'écria Michel ; une croix au milieu de cette ligne-là : — mort sur l'échafaud, m'as-tu dit ?...

La jeune femme jeta un cri, et, d'un air effaré, regarda tour à tour son frère de lait et la sorcière.

— Tais-toi, mais tais-toi donc ! fit celle-ci impatientée et frappant du pied.

— Tiens, petite sœur ; tiens, dit Michel ouvrant sa main gauche, regarde toi-même si nous n'avons pas le même signe, une croix.

— Une croix ! répéta Luisa en pâlissant.

Puis, saisissant le bras de la sorcière :

— Sais-tu que c'est vrai, Nanno ? dit-elle. Que veut dire ceci ? Y a-t-il dans la main de l'homme des signes selon sa condition, et ce qui est mortel pour l'un, est-il indifférent pour l'autre? Voyons, puisque tu as commencé, achève.

Nanno retira doucement son bras de la main qui s'efforçait de le retenir.

— Nous ne devons pas révéler les choses pénibles, dit-elle, lorsque, marquées du sceau de la fatalité absolue, elles sont inévitables, malgré tous les efforts de la volonté et de l'intelligence.

Puis, après une pause :

— A moins, toutefois, ajouta-t-elle, que, dans l'espoir de combattre cette fatalité, la personne menacée n'exige cette révélation de nous.

— Exige, petite sœur, exige ! s'écria Michel; car, enfin, toi, tu es riche, tu peux fuir ; peut-être le danger que tu cours n'existe-t-il qu'à Naples, peut-être ne te poursuivrait-il pas en France, en Angleterre, en Allemagne!

— Et pourquoi ne fuis-tu pas, toi, répondit Luisa, puisque tu prétends que nous sommes marqués du même signe?

— Oh! moi, c'est autre chose; je ne puis pas quitter Naples, je suis enchaîné à la Marinella comme le bœuf au joug; je suis pauvre, et, de mon travail, je nourris ma mère. Que deviendrait-elle, pauvre femme, si je m'en allais?

— Et, si tu meurs, que deviendra-t-elle?

— Si je meurs, c'est qu'elle aura dit vrai, Luisa, et, si elle a dit vrai, avant de mourir, je serai colonel. Eh bien, quand je serai colonel, je lui donnerai tout mon argent en lui disant : « Mets cela de côté, *mamma;* » et, quand on me pendra, puisqu'on doit me pendre, elle se trouvera être mon héritière.

— Colonel! Pauvre Michel, et tu crois à la prédiction?

— Eh bien, après? En supposant qu'il n'y ait que la mort de vraie, il faut toujours supposer le pire. Eh bien, elle est vieille; moi, je suis pauvre, nous ne faisons point déjà une si grosse perte l'un et l'autre en perdant la vie.

— Et Assunta? demanda en souriant la jeune femme.

— Oh! Assunta m'inquiète moins que ma mère. Assunta m'aime comme une maîtresse aime son amant, et non pas comme une mère aime son fils. Une veuve se console avec un autre mari; une mère ne se console pas même avec un autre enfant. Mais laissons la vieille Mechelemma, et revenons à toi, sœur, à toi qui es jeune, qui es riche, qui es belle, qui es heureuse! Oh! Nanno! Nanno! écoute bien ceci : il faut que tu lui dises à l'instant même d'où viendra le danger, ou malheur à toi!

La sorcière avait ramassé son manteau, et était occupée à le rajuster sur ses épaules.

— Oh! tu ne t'en iras pas ainsi, Nanno, s'écria le lazzarone en bondissant vers elle et en la saisissant par le poignet; et à moi, tu peux dire ce que tu voudras; mais à ma sainte sœur, à Luisa... oh! non, non! c'est autre chose. Tu l'as dit, nous avons sucé le lait de la même mamelle. Je veux bien mourir deux fois, s'il le faut, une pour moi, une pour elle; mais je ne veux pas que l'on touche à un cheveu de sa tête! Entends-tu!

Et il montra la jeune femme, pâle, immobile, haletante, retombée sur son fauteuil, ne sachant pas quel degré de foi elle devait accorder à l'Albanaise, mais, en tout cas, violemment émue, profondément agitée.

— Voyons, puisque vous le voulez tous deux, dit la sorcière se rapprochant de Luia, essayons; et, si le sort peut être conjuré, eh bien, conjurons-le, quoique ce soit une impiété, ajouta-t-elle, que de lutter contre ce qui est écrit. Donne-moi ta main, Luisa.

Luisa tendit sa main tremblante et crispée; l'Albanaise fut forcée de lui redresser les doigts.

— Voilà bien la ligne du cœur, brisée ici en deux tronçons sous le mont de Saturne; voilà bien la croix au milieu de la ligne de tête; voilà enfin la ligne de vie brusquement rompue entre vingt et trente ans.

— Et tu ne vois pas d'où vient le danger? tu ne sais pas les causes qu'il faudrait combattre? s'écria la jeune femme sous le poids de la terreur qu'avait exprimée pour elle son frère de lait, et que ses yeux, le tremblement de sa voix, l'agitation de tout son corps exprimaient à leur tour.

— L'amour, toujours l'amour! s'écria la sorcière, un amour fatal, irrésistible, mortel!

— Mais connais-tu au moins celui qui en sera l'objet? demanda la jeune femme cessant de se débattre et de nier, envahie qu'elle avait été, peu à peu, par l'accent convaincu de la sorcière.

— Tout est nuage dans ta destinée, pauvre créature, répondit la sibylle; je le vois, mais je ne le connais pas; il m'apparaît comme un être qui n'appartiendrait pas à ce monde, c'est l'enfant du fer et non de la vie... Il est né... impossible! et cependant cela est ainsi : il est né d'une morte!

La sorcière resta le regard fixe, comme si elle voulait absolument lire dans l'obscurité; son œil se dilatait et prenait la rondeur de celui du chat et du hibou, tandis qu'avec la main elle faisait le geste de quelqu'un qui essaye d'écarter un voile.

Michel et Luisa se regardaient; une sueur froide coulait sur le front du lazzarone; Luisa était plus pâle que le peignoir de batiste qui l'enveloppait.

— Ah! s'écria Michel après un instant de silence, et faisant un effort pour s'arracher à la terreur superstitieuse qui l'écrasait, que nous sommes imbéciles d'écouter cette vieille folle! Que je sois pendu, moi, c'est encore possible; j'ai mauvaise tête, et, dans notre condition, avec mon caractère, on dit des mots, on en vient aux faits, on met la main dans sa poche, on tire un couteau, on l'ouvre, le diable vous tente on frappe son homme, il tombe, il est mort, un sbire vous arrête, le commissaire vous interroge, le juge vous condamne, maitre Donato (1) vous met la main sur l'épaule, il vous passe la corde au cou, il vous pend, très-bien! Mais toi! toi, petite sœur! que peut-il y avoir de commun entre toi et l'échafaud? quel crime peux-tu même rêver, avec ton cœur de colombe? qui peux-tu tuer avec tes petites mains? Car, enfin, on ne tue les gens que quand les gens ont tué; et puis, ici, on ne tue pas les riches! Tiens, veux-tu savoir une chose, Nanno? à partir d'aujourd'hui, on ne dira plus Michel le Fou, on dira Nanno la Folle!

En ce moment, Luisa saisit le bras de son frère de lait et lui montra du doigt la sorcière.

Celle-ci était toujours immobile et muette à la

(1) C'était le nom du bourreau de Naples à cette époque.

même place; seulement, elle s'était courbée peu à peu et semblait, à force de volonté, commencer à distinguer quelque chose dans cette nuit qu'un instant auparavant elle se plaignait de voir s'épaissir devant elle; son cou maigre s'allongeait hors de son manteau noir, et sa tête s'agitait de droite à gauche, comme celle d'un serpent qui va s'élancer.

— Oh! maintenant, je le vois, je le vois, dit-elle. C'est un beau jeune homme de vingt-cinq ans, aux yeux et aux cheveux noirs; il vient, il approche. Lui aussi est menacé d'un grand danger, — d'un danger de mort. — Deux, trois, quatre hommes le suivent; — ils ont des poignards sous leurs habits... cinq, six...

Puis, tout à coup, comme frappée d'une révélation subite :

— Oh! s'il était tué! s'écria-t-elle presque joyeuse.

— Eh bien, demanda Luisa éperdue et comme suspendue aux lèvres de la sorcière, s'il était tué, qu'arriverait-il?

— S'il était tué, comme c'est lui qui causera ta mort, tu serais sauvée.

— Oh! mon Dieu! s'écria la jeune femme, aussi convaincue que si elle voyait elle-même ce que Nanno croyait voir; oh! mon Dieu! quel qu'il soit, protége-le.

Au même instant, sous les fenêtres de la maison, on entendit la double détonation de deux coups de pistolet, puis des cris, un blasphème, et plus rien, que le frissonnement du fer contre le fer.

— Madame! madame! dit en entrant la camériste le visage tout bouleversé, on assassine un homme sous les murs du jardin.

— Michel! s'écria Luisa, les bras étendus vers lui, les mains jointes, tu es un homme, et tu as un couteau; laisseras-tu égorger un autre homme sans lui porter secours?

— Non, par la madone! s'écria Michel.

Et il s'élança vers la fenêtre et l'ouvrit pour sauter dans la rue; mais, tout à coup, il poussa un cri, se jeta en arrière, et, d'une voix étouffée par la terreur :

— Pasquale de Simone, le sbire de la reine! murmura-t-il en se courbant derrière l'appui de la fenêtre.

— Eh bien, s'écria la San-Felice, c'est donc à moi de le sauver.

Et elle s'élança vers le perron.

Nanno fit un mouvement pour la retenir; mais, secouant la tête et laissant tomber ses bras :

— Va, pauvre condamnée, dit-elle, et que l'arrêt des astres s'accomplisse!

XI

LE GÉNÉRAL CHAMPIONNET.

Nous avons, on se rappelle, laissé Salvato Palmieri sur le point de transmettre aux conjurés la réponse de Championnet.

En effet, on se rappelle qu'au nom des patriotes italiens, Hector Caraffa avait écrit au général français qui venait d'obtenir le commandement de l'armée de Rome, pour lui faire part de la disposition des esprits à Naples et lui demander si, le cas d'une révolution échéant, on pouvait compter sur l'appui, non-seulement de l'armée française, mais aussi du gouvernement français.

Disons quelques mots de cette belle personnalité républicaine, une des gloires les plus pures de nos jours patriotiques ; nous avons à lui faire prendre sa place dans le grand tableau que nous essayons de tracer, et, montrant où il va, il est bon que nous fassions voir d'où il vient.

Le général Championnet était, à l'époque où nous sommes arrivés, un homme de trente-six ans, à la figure douce et prévenante, mais cachant sous cette physionomie, qui était plutôt celle d'un homme du monde que celle d'un soldat, une puissante énergie de volonté et un courage à toute épreuve.

Il était fils naturel d'un président aux élections qui, ne voulant pas lui donner son nom, lui avait donné celui d'une petite terre des environs de Valence, sa ville natale.

C'était un esprit aventureux, dompteur de chevaux avant d'être un dompteur d'hommes. A douze ou quinze ans, il montait les animaux les plus rétifs et les réduisait à l'obéissance.

A dix-huit ans, il se mit à la poursuite de l'un ou de l'autre de ces deux fantômes que l'on nomme la gloire ou la fortune, partit pour l'Espagne, et, sous le nom de Bellerose, s'engagea dans les troupes wallones.

Au camp de Saint-Roch, qui s'était formé devant Gibraltar, il rencontra, dans le régiment de Bretagne, plusieurs de ses camarades de collége ; ils obtinrent de son colonel qu'il quittât les gardes wallones et passât avec eux, comme volontaire.

A la paix, il rentra en France et trouva son père ouvrant ses deux bras à l'enfant prodigue.

Aux premiers mouvements de 1789, il s'engagea de nouveau. Le canon du 10 août retentit et la première coalition se forma. Chaque département alors offrit son bataillon de volontaires; celui de la Drôme fournit le 6ᵉ bataillon ; Championnet en fut nommé chef et gagna avec lui Besançon. Ces bataillons de volontaires formaient l'armée de réserve.

Pichegru, en passant par Besançon pour aller prendre le commandement de l'armée du Haut-Rhin, y retrouva Championnet, qu'il avait connu quand il était chef de bataillon de volontaires comme lui. Championnet le supplia de l'appeler à l'armée active ; son désir fut satisfait.

A partir de ce moment, Championnet inscrivit son nom à côté des noms de Joubert, de Marceau, de Hoche, de Kléber, de Jourdan et de Bernadotte.

Il servit alternativement sous eux, ou plutôt fut leur ami. Ils connaissaient si bien le caractère aventureux du jeune homme, que, lorsqu'il y avait quelque expédition bien difficile, presque impossible à conduire à bien, ils disaient :

— Envoyons-y Championnet.

Et celui-ci, en revenant vainqueur, justifiait toujours le proverbe qui dit : *Heureux comme un bâtard.*

Cette suite de succès fut récompensée par le titre de général de brigade, puis par celui de général de division, commandant les côtes de la mer du Nord depuis Dunkerque jusqu'à Flessingue.

La paix de Campo-Formio le rappela à Paris.

Il y revint, et, de toute sa maison militaire, ne garda qu'un jeune aide de camp.

Dans les différentes rencontres qu'il avait eues avec les Anglais, Championnet avait remarqué un jeune capitaine qui, à cette époque où tout le monde était brave, avait trouvé moyen d'être remarqué pour sa bravoure. Aucun engagement n'avait lieu auquel il prît part, qu'on ne citât de lui quelque action d'éclat. A la prise d'Altenkirchen, il était monté le premier à l'assaut. Au passage de la Lahn, il avait sondé la rivière et trouvé un gué sous le feu de l'ennemi. Aux défilés de Laubach, il avait pris un drapeau. Enfin, à l'affaire du camp des Dunes, à la tête de trois cents hommes, il avait attaqué quinze cents Anglais; mais, dans une charge désespérée qu'avait faite le régiment du prince de Galles, les Français ayant été repoussés, lui, avait dédaigné de faire un pas en arrière.

Championnet, qui le suivait des yeux, l'avait vu de loin disparaître entouré d'ennemis. Admirateur de la bravoure comme tout brave, Championnet alors s'était mis de sa personne à la tête d'une centaine d'hommes et avait chargé pour le délivrer. Arrivé au point où le jeune officier avait disparu, il l'avait retrouvé debout, le pied sur la poitrine du général anglais, à qui il avait cassé la cuisse d'un coup de pistolet, entouré de cadavres et blessé lui-même de trois coups de baïonnette ; il le força de sortir de la mêlée, le recommanda à son propre chirurgien, et, lorsqu'il fut guéri, lui offrit d'être son aide de camp.

Le jeune capitaine accepta.

C'était Salvato Palmieri.

Lorsqu'il se nomma, son nom fut un nouveau sujet d'étonnement pour Championnet. Il était évident qu'il était Italien ; d'ailleurs, n'ayant aucune raison de renier son origine, il la confessait lui-même, et cependant, chaque fois qu'il avait fallu obtenir quelques renseignements de prisonniers anglais ou autrichiens, Salvato les avait interrogés dans leur langue avec autant de facilité que s'il fût né à Dresde ou à Londres.

Salvato s'était contenté de répondre à Championnet qu'ayant été transporté tout jeune en France, et ayant achevé son éducation en Angleterre et en Allemagne, il n'y avait rien d'étonnant à ce qu'il parlât l'allemand, l'anglais et le français comme sa langue maternelle.

Championnet, comprenant de quelle utilité pouvait lui être un jeune homme à la fois si brave et si instruit, l'avait, comme nous l'avons dit, gardé seul de toute sa maison militaire et ramené à Paris.

Lors du départ de Bonaparte pour l'Égypte, quoiqu'on ne connût pas le but de l'expédition, Championnet avait demandé à suivre la fortune du vainqueur d'Arcole et de Rivoli ; mais Barras, auquel il s'était adressé, lui avait mis la main sur l'épaule en lui disant :

— Reste avec nous, citoyen général; nous aurons besoin de toi sur le continent.

Et, en effet, Bonaparte parti, Joubert le remplaçant dans le commandement de l'armée d'Italie, celui-ci demanda qu'on lui adjoignît Championnet pour commander l'armée de Rome, destinée à surveiller et, au besoin, à menacer Naples.

Et, cette fois, Barras, qui lui portait un intérêt tout particulier, lui avait dit, en lui remettant ses instructions :

— Si la guerre éclate de nouveau, tu seras le premier des généraux républicains chargé de détrôner un roi.

— Les intentions du Directoire seront remplies, répondit Championnet avec une simplicité digne d'un Spartiate.

Et, chose étrange, la promesse devait se réaliser.

Championnet partit pour l'Italie avec Salvato; il parlait déjà l'italien avec facilité, la pratique seule de la langue lui manquait; mais, à partir de ce moment, il ne parla plus qu'italien avec Salvato, et même, dans la prévoyance de ce qui pouvait arriver, il s'exerça avec lui au patois napolitain, qu'en s'amusant Salvato avait appris de son père.

A Milan, où le général s'arrêta à peine quelques jours, Salvato fit connaissance avec le comte de Ruvo et le présenta au général Championnet comme un des plus nobles seigneurs et des plus ardents patriotes de Naples. Il lui raconta comment Hector Caraffa, dénoncé par les espions de la reine Caroline, persécuté et emprisonné par la junte d'État, s'était évadé du château Saint-Elme, et demanda pour lui la faveur de suivre l'état-major sans y être attaché par aucun grade.

Tous deux l'accompagnèrent à Rome.

Le programme donné au général Championnet était celui-ci :

« Repousser par les armes toute agression hostile contre l'indépendance de la république romaine, et porter la guerre sur le territoire napolitain si le roi de Naples exécutait les projets d'invasion qu'il avait si souvent annoncés. »

Une fois à Rome, le comte de Ruvo, comme nous l'avons raconté plus haut, n'avait pu résister au désir de prendre une part active au mouvement révolutionnaire qui était, disait-on, sur le point d'éclater à Naples; il était entré dans cette ville sous un déguisement, et, par l'intermédiaire de Salvato, avait mis les patriotes italiens en communication avec les républicains français, pressant le général de leur envoyer Salvato, dans lequel Championnet avait la plus grande confiance, et qui ne pouvait manquer d'inspirer une confiance pareille à ses compatriotes. Le but de cette mission était de faire voir au jeune homme, par ses propres yeux, le point où en étaient les choses, afin qu'il pût, de retour près du général, lui rendre compte des moyens que les patriotes avaient à leur disposition.

Nous avons vu à travers quels dangers Salvato était arrivé au rendez-vous, et comment, les conjurés n'ayant point de secrets pour lui, il avait voulu, de son côté, pour qu'ils pussent mesurer son patriotisme à la position que les événements lui avaient faite, n'avoir point de secrets pour eux.

Mais, par malheur, les moyens d'action de Championnet, dans le commandement qu'il venait de recevoir et qui avaient pour but la protection de la république romaine, étaient loin de répondre à ses besoins. Il arrivait dans la ville éternelle un an après que le meurtre du général Duphot, sinon provoqué, du moins toléré et laissé impuni par le pape Pie VI, avait amené l'envahissement de Rome et la proclamation de la république romaine.

C'était Berthier qui avait eu l'honneur d'annoncer au monde cette résurrection. Il avait fait son entrée à

Rome et était monté au Capitole comme un triomphateur antique, foulant cette même voie Sacrée qu'avaient foulée, dix-sept siècles auparavant, les triomphateurs de l'univers. Arrivé au Capitole, il avait fait deux fois le tour de la place où s'élève la statue de Marc-Aurèle, aux cris frénétiques de « Vive la liberté ! vive la république romaine ! vive Bonaparte ! vive l'invincible armée française ! »

Puis, ayant réclamé le silence, qui lui fut accordé à l'instant même, le héraut de la liberté avait prononcé le discours suivant :

— Mânes de Caton, de Pompée, de Brutus, de Cicéron, d'Hortensius, recevez les hommages des hommes libres, dans ce Capitole où vous avez tant de fois défendu les droits du peuple et illustré par votre éloquence ou vos actions la république romaine. Les enfants des Gaulois, l'olivier à la main, viennent dans ce lieu auguste rétablir les autels de la liberté dressés par le premier des Brutus. Et vous, peuple romain, qui venez de reprendre vos droits légitimes, rappelez-vous quel sang coule dans vos veines ! Jetez les yeux sur les monuments de gloire qui vous environnent, reprenez les vertus de vos pères, montrez-vous dignes de votre antique splendeur, et prouvez à l'Europe qu'il est encore des âmes qui n'ont point dégénéré des vertus de vos ancêtres !

Pendant trois jours, on avait illuminé Rome, tiré des feux d'artifice, planté des arbres de la Liberté, dansé, chanté, crié : « Vive la République! » autour de ces arbres; mais l'enthousiasme avait été de courte durée. Dix jours après le discours de Berthier, qui, outre l'allocution aux mânes de Caton et d'Hortensius, contenait la promesse d'un respect inviolable pour les revenus et les richesses de l'Église, on avait, par l'ordre du Directoire, porté à la Monnaie les trésors de cette même Église pour y être fondus, transformés en pièces d'or et d'argent, non pas à l'effigie de la république romaine, mais à celle de la république française, et versés dans les caisses, les uns disaient du Luxembourg et les autres de l'armée : ceux qui disaient dans les caisses de l'armée étaient en minorité, et en minorité encore plus grande ceux qui le croyaient.

Puis on avait mis en vente les biens nationaux, et, comme le Directoire avait un pressant besoin d'argent pour l'armée d'Égypte, disait-il, ces biens avaient été vendus en toute hâte et à un prix fort au-dessous de leur valeur. Alors, des appels en argent et en nature avaient été faits aux riches propriétaires, qui, malgré leur patriotisme, auquel les exigences réitérées du gouvernement français avaient, nous devons l'avouer, porté une rude atteinte, avaient été bientôt mis à sec.

Il en résultait que, malgré les sacrifices faits par les classes riches de la société, les besoins du Directoire se renouvelant sans cesse, aucune des dépenses les plus indispensables n'avait pu être acquittée, et que la solde des troupes nationales, les appointements des fonctionnaires publics, présentaient, au bout de trois mois, un arriéré qui datait du jour même où la république avait été proclamée.

Les ouvriers, ne recevant plus de salaires, et, d'ailleurs, on le sait, n'étant pas énormément enclins d'eux-mêmes au travail, ils avaient, chacun de leur côté, abandonné leurs travaux et s'étaient faits, les uns mendiants, les autres bandits.

Quant aux autorités, qui eussent dû, dans leurs fonctions, donner l'exemple d'une intégrité lacédémonienne, comme elles ne recevaient pas un sou, elles étaient devenues encore plus vénales et encore plus voleuses qu'auparavant. La magistrature de l'annone, chargée de la nourriture du peuple, institution de la vieille Rome des empereurs qui s'était maintenue à travers la Rome des papes, n'ayant pu, avec du papier-monnaie discrédité, faire les approvisionnements nécessaires, et manquant de farine, d'huile, de viande, déclarait qu'elle ne savait plus quel remède opposer à la famine; si bien que, quand Championnet arriva, on se disait tout bas qu'il n'y avait plus à Rome que pour trois jours de vivres, et que, si le roi de Naples et son armée n'arrivaient pas bien vite pour chasser les Français, rétablir le saint-père sur son trône et rendre l'abondance au peuple, on allait se trouver incessamment dans l'alternative de se manger les uns les autres, ou de mourir de faim.

Voilà ce que Salvato était chargé d'annoncer d'abord aux patriotes napolitains; c'était la misérable situation de la république romaine, situation à laquelle on allait essayer de faire face à force d'économie et d'honnêteté. Pour commencer, Championnet avait chassé de Rome tous les agents du fisc et avait pris sur lui d'appliquer aux besoins de la ville et de l'armée tous les envois d'argent, de quelque part qu'ils vinssent, qui se faisaient au Directoire.

Maintenant, voici ce que Salvato avait à ajouter relativement à la situation de l'armée française, qui n'était guère plus florissante que celle de la république romaine :

L'armée de Rome, dont Championnet venait de prendre le commandement et qui, sur les cadres qu'il avait reçus du Directoire, se montait à trente-deux mille hommes, était de huit mille hommes en réalité. Ces huit mille hommes, qui, depuis trois mois, n'avaient pas reçu un sou de solde, manquaient de chaussures, d'habits, de pain, et étaient comme enveloppés par l'armée du roi de Naples, se composant de 60,000 hommes, bien vêtus, bien chaussés, bien nourris et payés chaque jour. Pour toutes munitions, l'armée française avait cent quatre-vingt mille cartouches ; c'était quinze coups de fusil à tirer par homme. Aucune place n'était approvisionnée, nous ne dirons pas de vivres, mais de poudre, et la pénurie était telle, qu'on en avait manqué à Civita-Vecchia pour tirer sur un bâtiment barbaresque qui était venu capturer une barque de pêcheur à demi-portée de canon du fort. On n'avait en tout que neuf bouches à feu. Toute l'artillerie avait été fondue pour faire de la monnaie de cuivre. Quelques forteresses avaient des canons, c'est vrai ; mais, soit trahison, soit négligence, dans aucune les boulets n'étaient du calibre des pièces ; dans quelques-unes, il n'y avait pas de boulets du tout.

Les arsenaux étaient aussi vides que les forteresses ; on avait inutilement essayé d'armer de fusils deux bataillons de gardes nationales, et cela dans un pays où l'on ne rencontrait pas un homme qui n'eût son fusil sur l'épaule s'il était à pied, et en travers de sa selle s'il était à cheval.

Mais Championnet avait écrit à Joubert, et l'on devait lui envoyer d'Alexandrie et de Milan un million de cartouches et dix pièces de canon avec leurs parcs.

Quant aux boulets, Championnet avait établi des fours, et il en faisait fondre quatre ou cinq mille par jour. Ce qu'il demandait donc en grâce aux patriotes, c'était de ne rien hâter, ayant besoin d'un mois encore pour se mettre en mesure, non pas d'envahir, mais de se défendre.

Salvato était chargé d'une lettre dans ce sens pour l'ambassadeur français à Naples, lettre où Championnet exposait à Garat sa situation, et le priait de mettre tous ses soins à retarder une rupture entre les deux cours. Cette lettre, heureusement enfermée dans un portefeuille de basane hermétiquement fermé, n'avait point été atteinte par l'eau.

Au reste, Salvato en connaissait le contenu, et, fût-elle devenue illisible, il pouvait la redire mot pour mot à l'ambassadeur ; seulement, l'ambassadeur, ne recevant pas la lettre, perdait la mesure du degré de confiance qu'il pouvait accorder au porteur.

Tous ces faits exposés aux conjurés, il y eut un instant de silence pendant lequel ils se regardèrent, s'interrogeant des yeux les uns les autres.

— Que faire? demanda le comte de Ruvo, le plus impatient de tous.

— Suivre les instructions du général, répondit Cirillo.

— Et, pour m'y conformer, ajouta Salvato, je me

rends à l'instant même chez l'ambassadeur de France.

— Hâtez-vous, alors ! dit du haut de l'escalier une voix qui fit tressaillir tous les conjurés, et Salvato lui-même ; car cette voix n'avait pas encore été entendue. L'ambassadeur, à ce que l'on assure, part cette nuit ou demain matin pour Paris.

— Velasco ! firent à la fois Nicolino et Manthonnet.

Puis, continuant seul, Nicolino ajouta :

— Soyez tranquille, signor Palmieri : c'est le sixième ami que nous attendions et qui, par ma faute, par ma très-grande faute, a passé sur la planche que j'ai oublié de retirer, non pas une fois, mais deux fois, la première en rapportant la corde, et la seconde en rapportant les habits.

— Nicolino, Nicolino, dit Manthonnet, tu nous feras pendre.

— Je l'ai dit avant toi, répliqua insoucieusement Nicolino. Pourquoi conspirez-vous avec un fou ?

XII

LE BAISER D'UN MARI.

Si la nouvelle donnée par Velasco était vraie, il n'y avait pas un instant à perdre ; car, au point de vue de Championnet, ce départ, qui était une déclaration de guerre, pouvait entraîner de grands malheurs, et ce départ, l'arrivée de Salvato l'empêcherait peut-être en déterminant le citoyen Garat à temporiser.

Chacun voulait accompagner Salvato jusqu'à l'ambassade ; mais Salvato, autant par ses souvenirs que par un plan, s'était fait une topographie de Naples ; il refusa obstinément. Celui des conjurés qui eût été vu avec lui, le jour où l'objet de sa mission transpirait, était perdu : il devenait la proie de la police de Naples ou le but du poignard des sbires du gouvernement.

Au reste, Salvato n'avait à suivre que le bord de la mer en la gardant constamment à sa droite, pour arriver à l'ambassade de France, située au premier étage du palais Caramanico ; il ne risquait donc point de s'égarer; le drapeau tricolore et le faisceau soutenant le bonnet de la liberté lui indiqueraient la maison.

Seulement, autant à titre d'amitié qu'à titre de précaution, il échangea ses pistolets, mouillés par l'eau de mer, contre ceux de Nicolino Carracciolo; puis, sous son manteau, il boucla son sabre, qu'il avait sauvé du naufrage et qu'il suspendit au porte-mousqueton, pour que son rebondissement sur les dalles ne le trahît point.

Il fut convenu qu'on le laisserait partir le premier, et que, dix minutes après son départ, les six conjurés, sortant à leur tour, les uns après les autres, se rendraient séparément chacun chez soi, en déroutant ceux qui voudraient les suivre par ces détours si faciles à multiplier dans ce labyrinthe plus inextricable que celui de la Crète et que l'on appelle la ville de Naples.

Nicolino conduisit le jeune aide de camp jusqu'à la porte de la rue, et, lui montrant la descente du Pausilippe et les rares lumières brillant encore dans Mergellina :

— Voilà votre chemin, lui dit-il; ne vous laissez ni suivre ni accoster.

Les deux jeunes gens échangèrent une poignée de main et se séparèrent.

Salvato jeta les yeux autour de lui : la rue était entièrement déserte, et, d'ailleurs, la tempête n'était point encore calmée, et, quoique la pluie eût cessé de tomber, de nombreux et fréquents éclairs, accompagnés du grondement de la foudre, continuaient d'éclater sur tous les points du ciel.

En dépassant l'angle le plus obscur du palais de la reine Jeanne, il lui sembla entrevoir la silhouette d'un homme se dessinant sur le mur ; il ne jugea point que cela valût la peine de s'arrêter ; armé comme il l'était, que lui faisait un homme ?

Au bout de vingt pas, il tourna cependant la tête en arrière : il ne s'était point trompé : l'homme traversait la route et semblait vouloir prendre la gauche du chemin.

Dix pas plus loin, il crut distinguer, au-dessus du mur qui, du côté de la mer, sert de parapet à la route, une tête qui, à son approche, disparut derrière ce mur ; il se pencha sur le parapet, regarda de l'autre côté, et ne vit qu'un jardin avec des arbres touffus, dont les branches montaient à la hauteur du parapet.

Pendant ce temps, l'autre homme avait gagné du terrain et marchait parallèlement à lui ; Salvato affecta de s'en rapprocher, sans cependant perdre de vue l'endroit où la tête avait disparu.

A la lueur d'un éclair, il vit alors derrière lui un homme qui enjambait le mur et qui, comme lui, descendait vers Mergellina.

Salvato mit la main à sa ceinture, s'assura que ses pistolets ne pouvaient sortir facilement, et continua son chemin.

Les deux hommes suivaient toujours parallèlement la route, l'un un peu en avant de lui à sa gauche, l'autre un peu en arrière de lui à sa droite.

A la hauteur du casino du Roi, deux hommes tenaient le milieu du chemin, se disputant avec cette multiplicité de gestes et ces cris discordants particuliers aux gens du peuple à Naples.

Salvato arma ses pistolets sous son manteau, et, commençant à soupçonner un guet-apens quand il vit qu'ils ne se dérangeaient point, marcha droit à eux:

— Allons, place! dit-il en napolitain.

— Et pourquoi place? demanda un des deux hommes d'un ton goguenard et oubliant la dispute dans laquelle il était engagé.

— Parce que, répondit Salvato, le haut du pavé de Sa gracieuse Majesté le roi Ferdinand est fait pour les gentilshommes et non pour des drôles comme vous.

— Et, si on ne vous la faisait point, place! repartit l'autre disputeur, que diriez-vous?

— Je ne dirais rien, je me la ferais faire.

Et, tirant ses deux pistolets de sa ceinture, il marcha sur eux.

Les deux hommes s'écartèrent et le laissèrent passer; mais ils le suivirent.

Salvato entendit celui qui semblait être le chef dire aux autres:

— C'est bien lui!

Nicolino, on se le rappelle, avait recommandé à Salvato non-seulement de ne pas se laisser accoster, mais encore de ne pas se laisser suivre; d'ailleurs, les trois mots qu'il avait surpris indiquaient qu'il était menacé.

Il s'arrêta. En le voyant s'arrêter, les hommes en firent autant, c'est-à-dire s'arrêtèrent de leur côté.

Ils étaient à dix pas l'un de l'autre.

L'endroit était désert.

A gauche, une maison dont tous les volets étaient fermés, se continuant par les murs d'un jardin, au-dessus desquels ont voyait frissonner la cime d'une forêt d'orangers, et se courber et se relever tour à tour le flexible panache d'un magnifique peuplier.

A droite, la mer.

Salvato fit encore dix pas en avant et s'arrêta de nouveau.

Les hommes, qui avaient continué de marcher en même temps que lui, s'arrêtèrent en même temps que lui.

Alors, Salvato revint sur ses pas; les quatre hommes, qui s'étaient réunis et que l'on reconnaissait parfaitement pour être de la même bande, l'attendirent :

— Non-seulement, dit Salvato, lorsqu'il ne fut plus qu'à quatre pas d'eux, non-seulement je ne veux pas que l'on me barre le passage, mais encore je ne veux pas que l'on me suive.

Deux des hommes avaient déjà tiré leur couteau et le tenaient à la main.

— Voyons, dit le chef, il y a peut-être moyen de s'entendre, au bout du compte; car, à la manière dont vous parlez le napolitain, il est impossible que vous soyez Français.

— Et que t'importe que je sois Français ou Napolitain?

— Ceci, c'est mon affaire. Répondez franchement.

— Je crois que tu te permets de m'interroger, coquin!

— Oh! ce que j'en fais, monsieur le gentilhomme, c'est pour vous et non pour moi. Voyons : êtes-vous l'homme qui, venant de Capoue à cheval, avec l'uniforme français, a pris une barque à Pouzzoles, et, malgré la tempête, a forcé deux marins de le conduire au palais de la reine Jeanne?

Salvato pouvait répondre non, se servir de sa facilité à parler le patois napolitain pour augmenter les doutes de celui qui l'interrogeait; mais il lui sembla que mentir, même à un sbire, c'était toujours mentir, c'est-à-dire commettre une action abaissant la dignité humaine.

— Et si c'était moi, demanda Salvato, qu'arriverait-il?

— Ah! si c'était vous, dit l'homme d'une voix sombre et en secouant la tête, il arriverait que je serais obligé de vous tuer, à moins que vous ne consentissiez à me donner de bonne volonté les papiers dont vous êtes porteur.

— Alors, il fallait vous mettre vingt au lieu de quatre, mes drôles; vous n'êtes pas assez de quatre pour tuer ou même voler un aide de camp du général Championnet.

— Allons, décidément, c'est lui, dit le chef; il faut en finir. A moi, Beccaïo!

A cet appel, deux hommes se détachèrent d'une petite porte sombre découpée dans la muraille du jardin et s'élancèrent rapidement pour attaquer Salvato par derrière.

Mais, à leur premier mouvement, Salvato avait fait feu de ses deux pistolets sur les deux hommes qui tenaient leur couteau à la main, et avait tué l'un et blessé l'autre.

Puis, dégrafant son manteau et le rejetant loin de lui, il s'était retourné en mettant le sabre à la main, avait fendu d'un revers le visage de celui que le chef avait appelé à son aide sous le nom de Beccaïo, et, d'un coup de pointe, blesse grièvement son compagnon.

Il croyait être débarrassé de ses agresseurs, dont quatre sur six étaient hors de combat, et, n'ayant plus affaire qu'au chef et à un de ses sbires qui se tenait prudemment à dix pas de lui, avoir facilement raison des deux derniers, lorsqu'au moment où il se retournait vers eux pour les charger, il vit briller une espèce d'éclair qui, se détachant de la main du chef, vint à lui en sifflant; en même temps, il sentit une vive douleur au côté droit de la poitrine. L'assassin, n'osant s'approcher de lui, lui avait lancé son couteau; la lame avait disparu entre la clavicule et l'épaule, le manche seul tremblait hors de la blessure.

Salvato saisit le couteau de la main gauche, l'arracha, fit quelques pas en arrière, car il lui semblait que la terre manquait sous ses pieds ; puis, cherchant un appui, il rencontra le mur, et s'y adossa. Presque aussitôt, tout parut tourner autour de lui ; sa dernière sensation fut de croire qu'à son tour le mur lui manquait comme la terre.

Un éclair qui fendit le ciel lui apparut, non plus bleuâtre, mais couleur de sang ; il étendit les bras, lâcha son sabre et tomba évanoui.

Dans la dernière lueur de raison qui le sépara de l'anéantissement, il crut voir les deux hommes s'élancer vers lui. Il fit un effort pour les repousser ; mais tout s'éteignit dans un soupir que l'on eût pu croire le dernier.

C'était quelques secondes auparavant qu'à la détonation des pistolets, la fenêtre de la San-Felice s'était ouverte, et qu'à ce cri de terreur de Michele : « Pasquale de Simone, le sbire de la reine! » la jeune femme avait répondu par ce cri du cœur : « Eh bien, c'est donc à moi de le sauver. »

Or, quoique la distance ne fût pas grande du boudoir au perron et du perron à la porte du jardin, lorsque Luisa ouvrit cette porte d'une main tremblante, les assassins avaient déjà disparu, et le corps seul du jeune homme, demeurant appuyé contre la porte, tombait, le haut du corps renversé, dans le jardin, au moment où la San-Felice ouvrait cette porte.

Alors, avec une force dont elle ne se serait jamais crue capable, la jeune femme tira le blessé dans le jardin, ferma la porte derrière lui, non-seulement à la clef, mais encore au verrou, et, tout éplorée, elle appela Nina, Michele et Nanno à son aide.

Tous trois accoururent. Michele, de sa fenêtre, avait vu fuir les assassins; une patrouille dont on entendait le pas lent et mesuré se chargerait probablement de faire disparaître les morts et de recueillir les blessés; il n'y avait donc plus rien à craindre pour ceux qui portaient secours au jeune officier, dont la trace serait perdue, même aux yeux les plus exercés.

Michele souleva par le milieu le corps du jeune homme entre ses bras, Nina lui prit les pieds, Luisa lui soutint la tête, et, avec ces doux mouvements dont les femmes ont seules le secret à l'égard des malades et des blessés, on le transporta dans l'intérieur de la maison.

Nanno était restée en arrière. Courbée vers la terre, elle marmottait entre ses dents des paroles magiques et cherchait des herbes à elle connues parmi les herbes qui poussaient en toute liberté dans les angles du jardin et dans les fentes des murailles.

Arrivé au boudoir, Michele demeura pensif; puis, tout à coup, secouant la tête :

— Petite sœur, dit-il, le chevalier va rentrer. Que dira-t-il quand il verra qu'en son absence, et sans le consulter, tu as apporté ce beau jeune homme dans sa maison?

— Il le plaindra, Michele, et dira que j'ai bien fait, répondit la jeune femme en relevant son front resplendissant d'une douce sérénité.

— Oui, certainement, il en serait ainsi si ce meurtre était un meurtre ordinaire; mais, quand il saura que le meurtrier est Pasquale de Simone, se croira-t-il le droit, lui qui est de la maison du prince Francesco, se croira-t-il le droit de donner asile à un homme frappé par le sbire de la reine?

La jeune femme resta pensive; puis, après quelques secondes :

— Tu as raison, Michele, dit-elle. Voyons s'il y a sur lui quelque papier qui nous indique où nous devons le faire porter.

On eut beau chercher dans les poches du blessé, on ne trouva rien que sa bourse et sa montre; ce qui prouvait qu'il n'avait point eu affaire à des voleurs; mais, quant à ses papiers, s'il en avait eu sur lui, ils avaient disparu.

— Mon Dieu, mon Dieu! que faire? s'écria Luisa. Je ne puis cependant pas abandonner une créature humaine dans cet état.

— Petite sœur, dit Michele du ton d'un homme qui a trouvé un moyen, si le chevalier était venu pendant que Nanno te disait la bonne aventure, ne devions-nous pas disparaître dans la maison de ton amie la duchesse Fusco, qui est vide et dont tu as les clefs?

— Oh! tu as raison, tu as raison, Michele! s'écria la jeune femme. Oui, portons-le chez la duchesse; on le mettra dans une des chambres dont les fenêtres donnent sur le jardin. Il y a une porte de sortie. Merci, Michele! Nous pourrons, s'il ne meurt pas, pauvre jeune homme, nous pourrons lui donner là tous les soins que réclame son état.

— Et, continua Michele, ton mari, ignorant tout, pourra au besoin protester de son ignorance; ce qu'il ne ferait pas s'il était averti.

— Non, tu le connais bien, il se livrerait, mais ne mentirait pas. Il faut qu'il ignore tout, il le faut, non pas que je doute de son cœur; mais, comme tu le dis, je ne dois pas le mettre entre son devoir comme ami du prince et sa conscience comme chrétien. Éclaire-nous, Nanno, dit la jeune femme à la sorcière, qui rentrait avec un paquet de plantes de familles diverses; non, il ne faut pas que, dans la maison, il reste trace de ce jeune homme.

Et le cortége, éclairé par Nanno, se remit en chemin, traversa trois ou quatre chambres, et finit par disparaitre derrière la porte de communication qui donnait dans la maison voisine.

Mais à peine venait-on de déposer le blessé sur un lit, dans une des chambres désignées par la San-Felice elle-même, que Nina, moins préoccupée que sa maitresse, lui posa vivement la main sur le bras.

La jeune femme comprit que la camériste réclamait son attention, et écouta.

On frappait à la porte du jardin.

— C'est le chevalier! s'écria Luissa.

— Et vite, vite, madame, dit Nina, mettez-vous au lit avec votre peignoir; je me charge du reste.

— Michele! Nanno! s'écria la jeune femme, leur recommandant d'un geste suprême le blessé.

Un signe d'eux la rassura autant qu'elle pouvait être rassurée.

Puis, comme enchaînée par un songe, se heurtant aux murailles, haletante, éperdue, murmurant des paroles sans suite, elle gagna sa chambre, n'eut que le temps de jeter sur une chaise ses bas et ses pantoufles, de s'étendre dans son lit, et, le cœur bondissant, mais la respiration comprimée, de fermer les yeux et de faire semblant de dormir.

Cinq minutes après, le chevalier San-Felice, à qui Nina avait expliqué la mise des verrous à la porte du jardin comme une étourderie de sa part, entrait dans la chambre de sa femme sur la pointe du pied, le visage souriant et le bougeoir à la main.

Il s'arrêta un instant debout devant le lit, contempla Luissa à la lueur de cette bougie de cire rose qu'il tenait à la main, puis abaissa avec lenteur ses lèvres sur son front en murmurant :

— Dors sous la garde du Seigneur, ange de pureté, et le ciel te sauve de tout contact avec les anges de perdition que je quitte !

Puis, respectant cette immobilité qu'il croyait être le sommeil, il sortit sur la pointe du pied, comme il était entré, referma doucement la porte de la chambre de sa femme et passa dans la sienne.

Mais à peine la lueur de la bougie se fut-elle effacée des parois de la chambre, que la jeune femme se souleva sur son coude, et, l'œil dilaté, l'oreille tendue, écouta.

Tout était rentré dans le silence et l'obscurité.

Alors, elle souleva lentement la couverture de soie jetée sur son lit, posa avec précaution son pied nu sur le parquet de faïence, se dressa sur un genou en s'appuyant au chevet, écouta encore, et, rassurée par l'absence de tout bruit, prit la porte opposée à celle qui avait donné passage à son mari, regagna le corridor qui conduisait chez la duchesse, ouvrit la porte de communication, et, légère et muette comme une ombre, pénétra jusqu'au seuil de la chambre où était couché le malade.

Il était toujours évanoui; Michele pilait des herbes dans un mortier de bronze, et Nanno exprimait le jus de ces herbes sur la blessure du malade.

XIII

LE CHEVALIER SAN-FELICE.

Nous croyons l'avoir déjà dit dans un des précédents chapitres, dans le premier peut-être, le chevalier San-Felice était un savant.

Mais, quoique les savants, comme les voyageurs de Sterne, puissent se diviser et même se subdiviser en une foule de catégories, on doit les diviser cependant en deux grandes espèces :

Les savants ennuyeux.

Les savants amusants.

La première espèce est la plus nombreuse et passe pour être la plus savante.

Nous avons connu, dans le cours de notre vie, quelques savants amusants ; ils étaient en général reniés par leurs confrères, comme gâtant le métier en mêlant à la science l'esprit ou l'imagination.

Quelque tort que cela puisse lui faire dans l'esprit de nos lecteurs, nous sommes forcé d'avouer que le chevalier San-Felice appartenait à la seconde espèce, c'est-à-dire à l'espèce des savants amusants.

Nous l'avons dit encore, mais il y a assez longtemps pour qu'on l'ait oublié, le chevalier San-Felice était un homme de cinquante à cinquante-cinq ans, d'une mise simple, mais élégante dans sa simplicité, et qui n'ayant, dans des études qui durèrent toute sa vie, adopté aucune spécialité, était plutôt un *sachant* qu'un *savant*.

Appartenant lui-même à l'aristocratie, ayant toujours vécu soit à la cour, soit avec les seigneurs, ayant beaucoup voyagé dans sa jeunesse, surtout en France, il avait les manières charmantes et l'aimable désinvolture des Buffon, des Hélvétius et des d'Holbach, dont il partageait, avec les principes sociaux, l'insouciance, nous dirons presque l'irréligion philosophique.

Et, en effet, ayant, comme Galilée et Swammerdam, étudié les infiniment grands et les infiniment petits, étant descendu des mondes roulants dans l'éther aux infusoires nageant dans la goutte d'eau, ayant vu que l'astre et l'atome tenaient la même place dans l'esprit de Dieu et avaient la même part à l'amour immense que le Créateur répand sur toutes ses créatures, son âme, étincelle échappée au foyer divin, s'était prise à tout aimer dans la nature. Les humbles de la création avaient seulement droit chez lui à une curiosité plus tendre que les superbes, et nous oserions presque affirmer que la transformation de la larve en nymphe et de la nymphe en scarabée, examinée le jour au microscope, lui paraissait aussi intéressante au moins que la lente locomotion du colosse Saturne, neuf cent fois plus gros que la Terre, et mettant près de trente ans à tourner autour du Soleil avec l'attirail monstrueux de ses sept lunes et l'ornement encore incompris de son anneau.

Ces études l'avaient un peu soulevé hors de la vie réelle, pour le jeter dans la vie contemplative ; ainsi, quand, de la fenêtre de sa maison, — maison qui avait été celle de son père et de son aïeul, — par une de ces chaudes nuits caniculaires de Naples, il voyait, sous la rame du pêcheur ou sous le sillon de sa barque, s'allumer ce feu bleuâtre qu'on croirait un reflet de l'étoile de Vénus, et que, pendant une heure, quelquefois une nuit, immobile à l'appui de cette fenêtre, il regardait le golfe étinceler de lumières et, si le vent du sud agitait les vagues, nouer les unes aux autres des guirlandes de feu qui allaient se perdre à ses yeux derrière Capri, mais qui se prolongeaient à coup sûr jusqu'aux rivages d'Afrique, on disait : « Que fait là ce rêveur de San-Felice ? » Ce rêveur de San-Felice passait tout simplement du monde matériel au monde invisible, de la vie bruyante à la vie silencieuse. Il se disait que cet immense serpent de flamme dont les replis enveloppent le globe, n'était rien autre chose qu'une réunion d'animalcules imperceptibles, et son imagination reculait, effrayée, devant cette épouvantable richesse de la nature qui met au-dessous de notre monde, sur notre monde, autour de notre monde, des mondes dont nous ne nous doutons pas, et par lesquels l'infini supérieur, qui s'échappe à nos yeux dans des torrents de lumière, s'enchaîne sans se rompre à l'infini inférieur, qui, plongeant au plus profond des abîmes, se perd dans la nuit.

Ce rêveur de San-Felice, au delà du double infini, voyait Dieu, non pas comme le vit Ezéchiel, passant au milieu des tempêtes ; non pas comme le vit Moïse, dans le buisson ardent, mais resplendissant dans la majestueuse sérénité de l'amour éternel, gigantesque échelle de Jacob que monte et descend la création tout entière.

Peut-être, maintenant, pourrait-on croire que cette tendresse infinie répandue en portions égales sur toute la nature ôtait une partie de leur force à ces autres sentiments qui ont fait dire au poëte latin : *Je suis homme, et rien de ce qui appartient à l'humanité ne m'est étranger ?* — Non, c'est chez le chevalier San-Felice que l'on eût pu faire surtout cette distinction entre l'âme et le cœur qui permet au vice-roi de la création d'être tantôt calme et serein comme Dieu, lorsqu'il contemple avec son âme, tantôt joyeux ou désespéré comme l'homme, quand il éprouve avec son cœur.

Mais, de tous les sentiments qui élèvent l'habitant de notre planète au-dessus des animaux qui vivent autour de lui, l'amitié était celui auquel le chevalier avait voué le culte le plus sincère et le plus dévoué, et nous nous appesantissons sur celui-là, parce que celui-là eut une plus profonde et plus particulière influence sur sa vie.

Le chevalier San-Felice, élevé au collége des Nobles, fondé par Charles III, y avait eu pour condisciple un des hommes dont les aventures, l'élégance et la haute fortune firent le plus de bruit dans le monde napolitain, vers la fin du dernier siècle ; cet homme était le prince Joseph Caramanico.

Si le prince n'eût été lui-même que prince, il est probable que le jeune San-Felice n'eût éprouvé pour lui que ce sentiment de respect banal ou de jalousie envieuse que les enfants éprouvent pour ceux de leurs compagnons qui pèsent sur l'indulgence des maîtres par la supériorité de leur rang ; mais, à part son titre de prince, Joseph Caramanico était un charmant enfant plein de cœur et d'abandon, comme il fut plus tard un charmant homme plein d'honneur et de loyauté.

Il arriva cependant, entre le prince Caramanico et le chevalier San-Felice, ce qui arrive inévitablement dans toutes les amitiés : il y eut un Oreste et un Pylade ; le chevalier San-Felice eut le rôle le moins brillant aux yeux du monde, mais peut-être le plus méritoire aux yeux du seigneur : il fut Pylade.

On devina quelle facile supériorité le futur savant, avec son intelligence distinguée et ses dispositions studieuses, dut prendre sur ses rivaux de collége, et, combien, au contraire, avec son insouciance de grand seigneur, le futur ministre à Naples, le futur ambassadeur à Londres, le futur vice-roi à Palerme devait être un mauvais écolier.

Eh bien, grâce au laborieux Pylade qui travaillait pour deux, le paresseux Oreste se maintint toujours au premier rang; il eut autant de prix, autant de couronnes, autant de récompenses que San-Felice, et plus de mérite aux yeux de ses professeurs, qui ne savaient pas ou ne voulaient pas savoir le secret de sa supériorité; car cette supériorité, il la maintenait comme celle de sa position sociale, sans avoir l'air de se donner le moindre mal pour cela.

Mais Oreste le savait, lui, ce secret de dévouement, et rendons-lui cette justice de dire qu'il l'apprécia comme il devait être apprécié, ainsi que le prouvera la suite de notre récit, en le mettant à l'épreuve.

Les jeunes gens sortirent du collége, et chacun suivit la carrière vers laquelle l'entraînait ou sa vocation ou son rang. Caramanico prit celle des armes; San-Felice, celle de la science.

Caramanico entra comme capitaine dans un régiment de Lipariotes, nommé ainsi des îles Lipari, d'où presque tous les soldats qui le composaient étaient tirés. Ce régiment, formé par le roi, était commandé par le roi; le roi portait le titre de colonel de ce régiment, et y être admis comme officier était la plus haute faveur à laquelle pût aspirer un noble Napolitain.

San-Felice, au contraire, voyagea, visita la France, l'Allemagne, l'Angleterre, resta cinq ans hors de l'Italie, et, lorsqu'il revint à Naples, trouva le prince

Caramanico premier ministre et amant de la reine Caroline.

Le premier soin de Caramanico, en arrivant au pouvoir, avait été d'assurer une position indépendante à son cher San-Felice ; en son absence, il l'avait fait, avec exemption de vœux, nommer chevalier de Malte, faveur, au reste, à laquelle avaient droit tous ceux qui pouvaient faire leurs preuves, et lui avait fait donner une abbaye rapportant deux mille ducats. Cette rente, avec celle de mille ducats qu'il tenait de sa fortune patrimoniale, faisait du chevalier San-Felice, dont les goûts étaient ceux d'un savant, c'est-à-dire fort simples, un homme comparativement aussi riche que l'homme le plus riche de Naples.

Les deux jeunes gens avaient marché dans la vie et étaient devenus des hommes ; ils s'aimaient toujours ; mais, occupés, l'un de science, l'autre de politique, ils ne se voyaient plus que rarement.

Vers 1783, quelques bruits qui couraient sur la disgrâce prochaine du prince de Caramanico, commençaient à préoccuper la ville et à inquiéter San-Felice : on disait que Caramanico, surchargé de besogne, comme premier ministre, et voulant créer une marine respectable à Naples, qu'il regardait, tout au contraire du roi, comme une puissance maritime, plutôt que comme une puissance continentale, s'était adressé au grand-duc de Toscane Léopold, afin qu'il voulût bien lui céder, pour le mettre à la tête de la marine napolitaine, avec le titre d'amiral, un homme qui venait de faire répéter son nom avec éloge dans une expédition contre les Barbaresques.

Cet homme, c'était le chevalier Jean Acton, d'origine irlandaise, né en France.

Mais à peine Acton s'était-il trouvé, par la protection de Caramanico, installé à la cour de Naples, dans une position à laquelle ses rêves les plus ambitieux n'auraient jamais cru pouvoir atteindre, qu'il combina tous ses efforts pour remplacer son protecteur, et dans l'affection de la reine et dans son poste de premier ministre, qu'il devait encore plus peut-être à cette affection qu'à son rang et à son mérite.

Un soir, San-Felice vit entrer chez lui, comme un simple particulier et sans avoir permis qu'on l'annonçat, le prince de Caramanico.

San-Felice, par une douce soirée du mois de mai, était occupé, dans ce beau jardin dont nous avons essayé de faire la description, à donner la chasse à des lucioles, sur lesquelles il voulait étudier, au retour du matin, la dégradation de la lumière.

Il poussa un cri de joie en voyant le prince, se jeta dans ses bras et le pressa contre son cœur.

Celui-ci répondit à ses embrassements avec son

affection accoutumée, à laquelle une préoccupation triste semblait donner encore une plus vive expression.

San-Felice voulut l'entraîner vers le perron ; mais Caramanico, enfermé dans son cabinet depuis le matin jusqu'au soir, ne voulait point perdre cette occasion de respirer l'air parfumé par la forêt d'orangers, dont le feuillage métallique frissonnait au-dessus de sa tête ; une douce brise venait de la mer, le ciel était pur, la lune brillait au ciel et se reflétait dans le golfe. Caramanico montra à son ami un banc adossé au tronc d'un palmier ; tous deux s'assirent sur ce banc.

Caramanico resta un instant sans parler, comme s'il eût hésité à troubler le silence de toute cette nature muette ; puis enfin, avec un soupir :

— Mon ami, dit-il, je viens te dire adieu, peut-être pour toujours.

San-Felice tressaillit et le regarda en face ; il croyait avoir mal entendu.

Le prince secoua mélancoliquement sa belle tête pâle, et, avec une profonde expression de découragement :

— Je suis las de lutter, reprit-il. Je reconnais que j'ai affaire à plus fort que moi ; j'y laisserais mon honneur peut-être, ma vie à coup sûr.

— Mais la reine Caroline? demanda San-Felice.

— La reine Caroline est femme, mon ami, répondit Caramanico, par conséquent faible et mobile. Elle voit aujourd'hui par les yeux de cet intrigant irlandais qui, j'en ai bien peur, poussera l'État à sa ruine. Que le trône tombe! mais sans moi. Je ne veux pas contribuer à sa chute, je pars.

— Où vas-tu? demanda San-Felice.

— J'ai accepté l'ambassade de Londres; c'est un honorable exil. J'emmène ma femme et mes enfants, que je ne veux pas laisser exposés aux dangers de l'isolement; mais il y a une personne que je suis obligé de laisser à Naples; j'ai compté sur toi pour me remplacer près d'elle.

— Près d'elle? répéta le savant avec une espèce d'inquiétude.

— Sois tranquille, dit le prince essayant de sourire; ce n'est point une femme, c'est une enfant.

San-Felice respira.

— Oui, continua le prince, au milieu de mes tristesses, une jeune femme me consolait. Ange du ciel, elle est remontée au ciel, en me laissant un vivant souvenir d'elle, une petite fille qui vient d'atteindre sa cinquième année.

— J'écoute, dit San-Felice, j'écoute.

— Je ne puis ni la reconnaitre, ni lui faire une

position sociale, puisqu'elle est née pendant mon mariage; d'ailleurs, la reine ignore et doit ignorer l'existence de cette enfant.

— Où est-elle?

— A Portici. De temps en temps, je me la fais apporter; de temps en temps même, je vais la voir; j'aime beaucoup cette innocente créature, qui, j'en ai bien peur, est née dans un jour néfaste! et, m'en croiras-tu, San-Felice, il m'en coûte moins, je te le jure, de quitter mon ministère, Naples, mon pays, que de quitter cette enfant; car celle-là, c'est bien l'enfant de mon amour.

— Moi aussi, dit le chevalier avec sa douce simplicité, moi aussi, Caramanico, je l'aime.

— Tant mieux! reprit le prince; car j'ai compté sur toi pour me remplacer près d'elle. Je veux, tu comprendras cela, je veux qu'elle ait une fortune indépendante. Voici, en ton nom, une police de cinquante mille ducats. Cette somme, placée par tes soins, se doublera en quatorze ou quinze ans par l'accumulation seule des intérêts; tu prendras, sur ta fortune à toi, ce qui sera nécessaire à son entretien et à son éducation, et, lors de sa majorité ou de son mariage, tu te rembourseras.

— Caramanico!

— Pardon, mon ami, dit en souriant le prince, je

te demande un service; c'est à moi de faire mes conditions.

San-Felice baissa la tête.

— M'aimerais-tu moins que je ne croyais? murmura-t-il.

— Non, mon ami, reprit Caramanico. Tu es non-seulement l'homme que j'aime le mieux, mais celui que j'estime le plus au monde, et la preuve, c'est que je te laisse la seule partie de mon cœur qui soit restée pure et n'ait point été brisée.

— Mon ami, dit le savant avec une certaine hésitation, je voudrais te demander une faveur, et, si ma demande ne te contrariait pas, je serais heureux que tu me l'accordasses.

— Laquelle?

— Je vis seul, sans famille, presque sans amis; je ne m'ennuie jamais, parce qu'il est impossible que l'homme s'ennuie avec le grand livre de la nature ouvert devant les yeux; j'aime toute chose en général : j'aime l'herbe qui, le matin, se courbe sous le poids des gouttes de rosée, comme sous un fardeau trop lourd pour elle; j'aime ces lucioles que je cherchais quand tu es arrivé; j'aime le scarabée à l'aile d'or dans laquelle se mire le soleil, mes abeilles qui me bâtissent une ville, mes fourmis qui me fondent une république; mais je n'aime pas une chose plus que l'autre, et je ne suis aimé tendrement par rien. S'il m'était permis de prendre ta fille avec moi, je l'aimerais plus que toute chose, je le sens, et peut-être, elle aussi, comprenant que je l'aime beaucoup, m'aimerait-elle un peu. L'air du Pausilippe est excellent; la vue que j'ai de mes fenêtres est splendide; elle aurait un grand jardin pour courir après les papillons, des fleurs à la portée de sa main, des oranges à la hauteur de ses lèvres; elle grandirait flexible comme ce palmier, dont elle aurait à la fois la grâce et la vigueur. Dis, veux-tu que ton enfant demeure avec moi, mon ami?

Caramanico le regardait les larmes aux yeux et l'approuvait d'un doux mouvement de tête.

— Et puis, continua San-Felice croyant que son ami n'était pas suffisamment convaincu, et puis un savant, ça n'a rien à faire; eh bien, je ferai son éducation, je lui apprendrai à lire et à écrire l'anglais et le français. Je sais beaucoup de choses, va, et je suis beaucoup plus instruit qu'on ne le croit; cela m'amuse de faire de la science, mais cela m'ennuie d'en parler. Tous ces rats de bibliothèque napolitains, tous ces académiciens d'Herculanum, tous ces fouilleurs de Pompéi, ils ne me comprennent pas et ils disent que je suis ignorant parce que je ne me sers pas de grands mots et que je parle simplement des choses de la nature et de Dieu; mais ce n'est pas vrai, Caramanico; j'en sais au moins autant qu'eux et peut-être même plus qu'eux, je t'en donne ma parole d'honneur... Tu ne me réponds pas, mon ami?

— Non, je t'écoute, San-Felice, je t'écoute et je t'admire. Tu es la créature par excellence. Dieu t'a élu. Oui, tu prendras ma fille; oui, tu prendras mon enfant; oui, mon enfant t'aimera; seulement, tu lui parleras de moi tous les jours, et tu tâcheras qu'après toi, ce soit moi qu'elle aime le plus au monde.

— Oh! que tu es bon! s'écria le chevalier en essuyant ses larmes. Maintenant, tu m'as dit quelle était à Portici, n'est-ce pas? Comment reconnaîtrai-je la maison? Comment s'appelle-t-elle? Tu lui as donné un joli nom, j'espère?

— Ami, dit le prince, voici son nom et l'adresse de la femme qui prend soin d'elle, et, en même temps, l'ordre à cette femme de te regarder, moi absent, comme son véritable père... Adieu, San-Felice, dit le prince en se levant; sois fier, mon ami : tu viens de me donner le seul bonheur, la seule joie, la seule consolation qu'il me soit permis d'espérer encore.

Les deux amis s'embrassèrent comme des enfants, en pleurant comme des femmes.

Le lendemain, le prince Caramanico partait pour

Londres, et la petite Luisa Molina s'installait avec sa gouvernante dans la maison du Palmier.

XIV

LUISA MOLINA

Le matin du jour où la petite Luisa Molina devait quitter Portici, on vit le chevalier San-Felice, ne voulant s'en rapporter à personne de ce soin si important, courir les magasins de joujoux de la rue de Tolède et y faire une collection de moutons blancs, de poupées marchant toutes seules, de polichinelles faisant la cabriole, lesquels pouvaient faire croire à ceux qui connaissaient l'inutilité de ces objets pour lui-même, que le digne savant était chargé par quelque prince étranger de faire pour ses enfants une collection de jouets napolitains dans sa plus complète extension. Ceux-là se fussent trompés : toute cette acquisition insolite était réservée aux plaisirs de la petite Luisa Molina.

Puis on procéda à l'emménagement. La plus belle chambre de la maison, donnant par une de ses fenêtres sur le golfe, et par l'autre sur le jardin, fut concédée aux nouvelles locataires; un de ces charmants petits lits de cuivre que l'on fabrique si élégamment à Naples, fut placé près du lit de la gouvernante, et une moustiquaire, exécutée sous les yeux et d'après les conseils du savant chevalier, et dont toutes les mesures, géométriquement prises, devaient dérouter les plus habiles combinaisons des assiégeants, fut placée sur les montants du lit, tente transparente destinée à garantir l'enfant de la piqûre des cousins.

On donna l'ordre à l'un de ces pâtres qui conduisent dans les rues de Naples des troupeaux de chèvres, qu'ils font quelquefois monter jusqu'au cinquième étage des maisons, de s'arrêter tous les matins devant la porte. On choisit dans le troupeau une chèvre blanche, la plus belle de toutes, pour donner l'étrenne de son lait à la petite Luisa, et la chèvre élue reçut, séance tenante, le nom mythologique d'Amalthée.

Après quoi, toute précaution paraissant prise au chevalier pour l'amusement, le confortable et la nutrition matérielle de l'enfant, il envoya chercher une voiture bien large et bien douce, et partit pour Portici.

La translation se fit sans accident aucun, et, trois heures après le départ de San-Felice pour Portici, la petite Luisa, prenant possession de son nouveau domicile avec cette satisfaction que fait toujours éprouver aux enfants un changement de résidence, habillait et déshabillait une poupée aussi grande qu'elle et qui possédait une garde-robe aussi variée et aussi riche que celle de la madone del Vescovato.

Pendant bien des semaines et même bien des mois, le chevalier oublia toutes les autres merveilles de la nature pour ne s'occuper que de celle qu'il avait sous les yeux; et, en effet, qu'est-ce qu'un bourgeon qui pousse, une fleur qui s'ouvre ou un fruit qui mûrit près d'un jeune cerveau qui, en se développant, donne chaque jour naissance à une idée nouvelle, en ajoutant un peu plus de clarté à l'idée éclose la veille. Ce progrès de l'intelligence de l'enfant, en raison du perfectionnement des organes, lui donnait bien quelques doutes à l'endroit de l'âme immortelle soumise au développement de ces organes, comme la fleur et le fruit de l'arbre sont soumis à la séve, tandis qu'au contraire, cette même âme que l'on a vue pour ainsi dire naître, grandir, acquérir ses facultés dans l'adolescence, en jouir dans l'âge mûr, les perd peu à peu insensiblement, mais visiblement néanmoins, au fur et à mesure que ces organes s'endurcissent et s'atrophient en vieillissant, comme les fleurs perdent de leur parfum et les fruits de leur saveur à mesure que la séve tarit; mais, comme les grands esprits, le chevalier San-Felice avait toujours été quelque peu panthéiste, et même panthéiste psychologique : en faisant de Dieu l'âme universelle du monde, il regardait l'âme individuelle comme une superfluité; il la regrettait cependant, comme il regrettait de ne point avoir des ailes, ainsi que l'oiseau; mais il n'en voulait point à la nature d'avoir fait sur l'homme cette céleste économie.

Forcé d'abandonner *la continuité* de la vie, il se réfugiait dans *ses transformations*. Les Égyptiens mettaient dans les tombeaux de leurs morts bien-aimés un scarabée. Pourquoi cela? Parce que le scarabée meurt trois fois et renaît trois fois, comme la chenille.

Dieu fera-t-il, dans sa bonté infinie, moins pour l'homme qu'il ne fait pour l'insecte? Tel était le cri de ce peuple dont les nombreuses nécropoles nous ont transmis les spécimens enveloppés dans des bandelettes sacrées.

Maintenant, le chevalier San-Felice se posait cette question que je me pose et que vous vous êtes posée certainement : La chenille se souvient-elle de l'œuf, la chrysalide se souvient-elle de la chenille, le papillon se souvient-il de la chrysalide, et enfin, pour accomplir le cercle des métamorphoses, l'œuf se souvient-il du papillon ?

Hélas! ce n'est pas probable : Dieu n'a pas voulu donner à l'homme cet orgueil de se souvenir, ne l'ayant pas donné aux animaux. Du moment que l'homme se souviendrait de ce qu'il était avant d'être homme, l'homme serait immortel.

Et, pendant que le chevalier faisait toutes ces réflexions, Luisa grandissait, avait appris sans s'en douter à lire et à écrire, et faisait en français ou en anglais toutes les questions qu'elle avait à faire, le chevalier ayant signifié une fois pour toutes qu'il ne répondrait qu'aux questions faites dans l'une ou l'autre de ces langues; or, comme la petite Luisa était très-curieuse, et, par conséquent, faisait force questions, elle sut bientôt non-seulement questionner, mais répondre en français et en anglais.

Puis, sans s'en douter, elle apprenait beaucoup d'autres choses; d'astronomie, ce qu'il en faut à une femme; ainsi, par exemple : la lune semble tout particulièrement affectionner le golfe de Naples, probablement parce que, plus heureuse que la chenille, le scarabée et l'homme, elle se souvient d'avoir été autrefois la fille de Jupiter et de Latone, d'être née sur une île flottante, de s'être appelée Phébé, d'avoir été amoureuse d'Endymion, et que, coquette qu'elle est, en sa qualité de femme, elle ne trouve pas sur toute la terre de plus limpide miroir où se regarder que le golfe de Naples.

La lune, qu'elle appelait la lampe du ciel, préoccupait beaucoup la petite Luisa, qui, lorsque l'astre était dans son plein, voulait toujours y voir un visage, et qui, lorsqu'elle diminuait, demandait s'il y avait des rats au ciel, et si ces rats rongeaient là-haut la lune, comme un jour ils avaient rongé ici-bas le fromage.

Alors, le chevalier San-Felice, enchanté d'avoir une démonstration scientifique à faire à un enfant, et voulant la lui faire claire et à la portée de son âge, s'amusait à exécuter lui-même un modèle en grand de notre système planétaire ; il lui montrait la lune, notre satellite, quarante-neuf fois plus petite que la terre ; il lui faisait accomplir autour de notre monde, en une minute, le périple qu'elle accomplit en vingt-sept jours sept heures quarante-trois minutes, et la révolution qu'elle accomplit sur elle en même temps ; il lui montrait que, dans ce périple, elle se rapproche et s'éloigne alternativement de nous, que le point le plus éloigné de son orbite s'appelle l'*apogée* et qu'alors elle est à quatre-vingt-onze mille quatre cent dix-huit lieues de notre globe; que son point le plus rapproché s'appelle le *périgée* et n'en est éloigné que de quatre-vingt mille soixante-dix-sept lieues. Il lui expliquait que la lune, comme la terre, n'étant lumineuse que parce qu'elle réfléchit les rayons du soleil, nous n'en pouvons apercevoir que la partie éclairée par le soleil et non celle sur laquelle la terre projette son ombre : de là vient que nous la voyons sous différentes phases; il lui affirmait que ce visage qu'elle s'obstinait à voir lorsque la lune était dans son plein n'était autre chose que les accidents du terrain lunaire, le creux de ses vallons où s'épaissit l'ombre et la saillie de ses montagnes qui reflète la lumière; il lui faisait même observer, sur un grand plan de notre satellite que l'on venait de faire à l'observatoire de Naples, que ce qu'elle prenait pour le menton de la lune n'était qu'un volcan qui avait autrefois, il y avait des milliers d'années, jeté des feux comme en jetait le Vésuve et s'était éteint comme le Vésuve s'éteindra un jour. L'enfant comprenait mal à la première démonstration; elle insistait, et, à la seconde ou à la troisième démonstration, le jour se faisait dans son esprit.

Un matin qu'on avait acheté du tripoli pour remettre à neuf son joli petit lit de cuivre, Luisa vit le chevalier très-occupé à regarder au microscope cette poussière rougeâtre; elle s'approcha de lui sur la pointe du pied et lui demanda :

— Que regardes-tu là, bon ami San-Felice ?

— Et quand je pense, répondit le chevalier se parlant à lui-même, bien que répondant à Luisa, quand je pense qu'il faudrait cent quatre-vingt-sept millions de ces infusoires pour peser un grain !

— Cent quatre-vingt-sept millions de quoi ? demanda la petite fille.

Cette fois, la démonstration était grave ; le chevalier prit l'enfant sur ses genoux et lui dit :

— La terre, petite Luisa, n'a pas toujours été ce qu'elle est aujourd'hui, c'est-à-dire tapissée de gazon, couverte de fleurs, ombragée par des grenadiers, des orangers et des lauriers-roses. Avant d'être habitée par l'homme et les animaux que tu vois, elle a été couverte d'eau d'abord, puis de grandes fougères, puis de palmiers gigantesques. De même que les maisons n'ont pas poussé toutes seules et qu'on est forcé de les bâtir, Dieu, le grand architecte des mondes, a été forcé de bâtir la terre. Eh bien, comme on bâtit les maisons avec des pierres, de la chaux, du plâtre, du sable et des tuiles, Dieu a bâti la terre d'éléments divers, et un de ces éléments se compose d'animalcules imperceptibles, ayant des coquilles comme les huîtres et des carapaces comme les tortues. A eux seuls, ils ont fourni les masses de cette grande chaîne de montagnes du Pérou qu'on appelle les Cordillères; les Apennins de l'Italie centrale, dont tu vois d'ici les dernières cimes, sont formés de leurs débris, et ce sont les fragments impalpables de leurs écailles qui font reluire ce cuivre en le polissant.

Et il lui montrait son lit, que frottait le domestique.

Un autre jour, en voyant un bel arbre de corail que venait d'apporter au chevalier un pêcheur de Torre-del-Greco, l'enfant demanda pourquoi le corail avait des branches et pas de feuilles.

Le chevalier lui expliqua alors que le corail n'était pas une végétation naturelle, comme elle le croyait, mais une composition animale. Il lui raconta, à son grand étonnement, que des milliers de polypes cacticifères se réunissaient pour composer, avec la chaux dont ils vivent et que la violence des vagues arrache aux rochers, ces branches folles d'abord, que sucent et broutent les poissons, et qui, se raffermissant peu à peu, se colorent de ce vif et charmant incarnat auquel les poëtes comparent les lèvres de la femme; il lui apprit qu'un petit animal, qu'il promit de lui faire voir au microscope, et que l'on nomme le *vermet*, construit, en remplissant le vide que laissent entre eux les madrépores et les coraux, un trottoir autour de la Sicile, tandis que d'autres animalcules, les *tubiporés*, entre autres, construisent dans l'Océanie des îles de trente lieues de tour, qu'ils relient entre elles par des bancs de récifs qui finiront un jour par arrêter les flottes et intercepter la navigation.

D'après ce que nous venons de raconter, on peut se faire une idée de l'éducation que reçut de son infatigable et savant instituteur la petite Luisa Molina ; elle eut ainsi, mise à la portée des progrès successifs de son intelligence, l'explication, claire, nette et précise, de toutes les choses explicables, de sorte qu'elle ne garda dans son cerveau aucune de ces notions troubles et vagues qui inquiètent l'imagination des adolescents.

Et, selon que l'avait promis San-Felice à son ami, elle grandit forte et flexible, comme le palmier au pied duquel, la plupart du temps, toutes ces démonstrations lui étaient faites.

Le chevalier San-Felice était en correspondance suivie avec le prince Caramanico ; deux fois par mois, il lui donnait des nouvelles de Luisa, qui, de son côté, à chaque lettre de son tuteur, ajoutait quelques mots pour son père.

Vers 1790, le prince Caramanico passa de l'ambassade de Londres à celle de Paris ; mais, lorsque Toulon fut livré aux Anglais par les royalistes, et que le gouvernement des Deux-Siciles, sans se déclarer pourtant l'allié de M. Pitt, envoya des troupes contre la France, Caramanico, trop loyal pour accepter la position qui lui était faite, demanda son rappel; ce rappel, Acton ne le voulait à aucun prix; il le fit nommer vice-roi de Sicile, en remplacement du marquis Caraccioli, qui venait de mourir.

Il se rendit à son poste sans passer par Naples.

L'intelligence supérieure et la bonté naturelle du prince Caramanico, appliquées au gouvernement de ce beau pays qu'on appelle la Sicile, y produisirent bientôt des miracles, et cela juste au moment où, poussée par la funeste influence d'Acton et de Caroline sur une pente contraire, Naples marchait à grands pas au précipice, voyait gorger ses prisons des citoyens les plus illustres, entendait la junte d'État réclamer les lois de torture, abolies depuis le moyen âge, et assistait à l'exécution d'Emmanuele de Deo, de Vitagliano et de Gagliani, c'est-à-dire de trois enfants.

Aussi, les Napolitains, comparant les terreurs au milieu desquelles ils vivaient, les lois de proscription et de mort suspendues sur leurs têtes, au bonheur des Siciliens et aux lois protectrices et paternelles qui les régissaient, n'osant accuser la reine que tout bas, accusaient tout haut Acton, rejetant tout sur le compte de l'étranger et ne cachant pas leur désir que, de même qu'Acton avait autrefois remplacé

Caramanico, Caramanico le remplaçât aujourd'hui.

On disait plus : on disait que la reine, dans un doux souvenir de son premier amour, secondait les vœux des Napolitains, et, que, si elle n'était retenue par une fausse honte, elle se déclarerait, elle aussi, pour Caramanico.

Ces bruits prenaient une consistance qui eût pu faire croire qu'il y avait un peuple à Naples et que ce peuple avait une voix, lorsqu'un jour le chevalier San-Felice reçut de son ami une lettre conçue en ces termes :

« Ami,

» Je ne sais ce qui m'arrive, mais, depuis dix jours, mes cheveux blanchissent et tombent, mes dents tremblent dans leurs gencives et se détachent de leurs alvéoles; une langueur invincible, un abattement suprême m'ont envahi. Pars pour la Sicile avec Luisa, aussitôt cette lettre reçue, et tâche d'arriver avant que je sois mort.

» Ton GIUSEPPE. »

Ceci se passait vers la fin de 1795; Luisa avait dix-neuf ans, et, depuis quatorze ans, n'avait pas vu son père; elle se rappelait son amour, mais non pas sa personne; la mémoire de son cœur avait été plus fidèle que celle de ses yeux.

San-Felice ne lui révéla point d'abord toute la vérité : il lui dit seulement que son père souffrant désirait la voir; puis il courut au môle pour y chercher un moyen de transport. Par bonheur, un de ces bâtiments légers que l'on appelle *speronare*, après avoir amené des passagers à Naples, allait retourner à vide en Sicile; le chevalier le loua pour un mois afin de n'avoir point à s'inquiéter du retour, et, le même jour, il partit avec Luisa.

Tout favorisa ce triste voyage : le temps fut beau, le vent fut propice; au bout de trois jours, on jetait l'ancre dans le port de Palerme.

Au premier pas que le chevalier et Luisa firent dans la ville, il leur sembla qu'ils entraient dans une nécropole; une atmosphère de tristesse était répandue dans les rues, un voile de deuil semblait envelopper la cité qui s'est elle-même appelée *l'Heureuse*.

Le passage leur fut barré par une procession; on portait à la cathédrale la châsse de Sainte-Rosalie.

Ils passèrent devant une église; elle était tendue de noir et on y disait les prières des agonisants.

— Qu'y a-t-il donc ? demanda le chevalier à un

homme qui entrait à l'église, et pourquoi tous les Palermitains ont-ils l'air si désespéré ?

— Vous n'êtes pas Sicilien ? demanda l'homme.

— Non, je suis Napolitain et j'arrive de Naples.

— Il y a que notre père se meurt, dit le Sicilien.

Et, comme l'église était trop pleine de monde pour qu'il pût y entrer, l'homme s'agenouilla sur les degrés et dit tout haut en se frappant la poitrine :

— Sainte mère de Dieu ! offre ma vie à ton divin fils, si la vie d'un pauvre pécheur comme moi peut racheter la vie de notre vice-roi bien-aimé.

— Oh ! s'écria Luisa, entends-tu, bon ami ? c'est pour mon père qu'on prie, c'est mon père qui se meurt... Courons ! courons !

XV

LE PÈRE ET LA FILLE.

Cinq minutes après, le chevalier San-Felice et Luisa étaient à la porte du vieux palais de Roger, situé à l'extrémité de la ville opposée au port.

Le prince ne recevait plus personne. Aux premières atteintes du mal, sous prétexte d'affaires à régler, il avait envoyé à Naples sa femme et ses enfants.

Voulait-il leur épargner le spectacle de sa mort? mourir entre les bras de celle dont il avait été séparé pendant toute sa vie?

S'il pouvait nous rester des doutes sur ce point, la lettre adressée par le prince Caramanico au chevalier San-Felice suffirait à les dissiper.

On refusa, selon la consigne donnée, de laisser entrer les deux nouveaux venus; mais à peine San-Felice se fut-il nommé, à peine eut-il nommé Luisa, que le valet de chambre poussa une exclamation de joie et courut vers l'appartement du prince en criant :

— Mon prince, c'est lui! mon prince, c'est elle!

Le prince, qui, depuis trois jours, n'avait pas quitté sa chaise longue, et que l'on était forcé de lever par-dessous les bras pour lui faire prendre les boissons calmantes avec lesquelles on essayait d'endormir ses douleurs, le prince se dressa debout en disant :

— Oh! je savais bien que Dieu, qui m'a tant éprouvé, me donnerait cette récompense de les revoir tous deux avant de mourir!

Le prince ouvrit les bras; le chevalier et Luisa apparurent sur la porte de sa chambre. Il n'y avait place dans le cœur du mourant que pour un des deux. San-Felice poussa Luisa dans les bras de son père en lui disant :

— Va, mon enfant, c'est ton droit.

— Mon père ! mon père ! s'écria Luisa.

— Ah ! qu'elle est belle ! murmura le mourant, et comme tu as bien tenu la promesse que tu m'avais faite, saint ami de mon cœur !

Et, tout en pressant d'une main Luisa sur sa poitrine, il tendit l'autre au chevalier.

Luisa et San-Felice éclatèrent en sanglots.

— Oh ! ne pleurez pas, ne pleurez pas, dit le prince avec un ineffable sourire. Ce jour est pour moi un jour de fête. Ne fallait-il pas quelque grand événement comme celui qui va s'accomplir pour que nous nous revissions encore une fois en ce monde ! et, qui sait ? peut-être la mort sépare-t-elle moins que l'absence. L'absence est un fait connu, éprouvé ; la mort est un mystère. Embrasse-moi, chère enfant ; oui, embrasse-moi, vingt fois, cent fois, mille fois ; embrasse-moi pour chacune des années, pour chacun des jours, pour chacune des heures qui se sont écoulées depuis quatorze ans. Que tu es belle ! et que je remercie Dieu d'avoir permis que je pusse enfermer ton image dans mon cœur et l'emporter avec moi dans mon tombeau.

Et, avec une énergie dont il se fût cru lui-même incapable, il appuyait sa fille sur sa poitrine, comme s'il eût voulu en effet la faire entrer matériellement dans son cœur.

Puis, s'adressant au valet de chambre qui s'était rangé pour laisser passer San-Felice et Luisa :

— Qui que ce soit, entends-tu bien, Giovanni ? pas même le médecin ! pas même le prêtre ! La mort a seule le droit d'entrer ici maintenant.

Le prince retomba sur sa chaise longue, écrasé de l'effort qu'il venait de faire ; sa fille se mit à genoux devant lui, le front à la hauteur de ses lèvres ; son ami se tint debout à son côté.

Il leva lentement la tête vers San-Felice ; puis, d'une voix affaiblie :

— Ils m'ont empoisonné, dit-il tandis que sa fille éclatait en sanglots ; ce qui m'étonne seulement, c'est que, pour le faire, ils aient si longtemps attendu. Ils m'ont laissé trois ans ; j'en ai profité pour faire quelque bien à ce malheureux pays. Il faut leur en savoir gré ; deux millions de cœurs me regretteront, deux millions de bouches prieront pour moi.

Puis, comme sa fille semblait, en le regardant, chercher au fond de sa mémoire :

— Oh ! tu ne te souviens pas de moi, pauvre enfant, dit-il ; mais tu t'en souviendrais, que tu ne pourrais pas me reconnaître, dévasté comme je le suis. Il y a quinze jours, San-Felice, malgré mes quarante-huit ans, j'étais presque un jeune homme encore ; en quinze jours, j'ai vieilli d'un demi-siècle... Centenaire, il est temps que tu meures !

Puis, regardant Luisa et appuyant la main sur sa tête :

— Mais, moi, moi, je te reconnais, dit-il : tu as toujours tes beaux cheveux blonds et tes grands yeux noirs ; tu es maintenant une adorable jeune fille, mais tu étais une bien charmante enfant ! La dernière fois que je la vis, San-Felice, je lui dis que j'allais la quitter pour longtemps, pour toujours peut-être ; elle éclata en sanglots comme elle vient de le faire tout à l'heure ; mais, comme il y avait encore une espérance alors, je la pris dans mes bras et je lui dis : « Ne pleure pas, mon enfant, tu me fais de la peine. » Et elle, alors, tout en étouffant ses soupirs : « Va-t'en, chagrin ! dit-elle, papa le veut. » Et elle me sourit à travers ses larmes. Non, un ange entrevu par la porte du ciel ne serait pas plus doux et plus charmant...

Le mourant appuya ses lèvres sur la tête de la jeune fille, et l'on vit de grosses larmes silencieuses rouler sur ses cheveux qu'il baisait.

— Oh! je ne dirai pas cela aujourd'hui, murmura Luisa; car, aujourd'hui, ma douleur est grande... O mon père, mon père, il n'y a donc pas d'espoir de vous sauver?

— Acton est fils d'un habile chimiste, dit Caramanico, et il a étudié sous son père.

Puis, se tournant vers San-Felice :

— Pardonne-moi, Luciano, lui dit-il, mais je sens la mort qui vient, je voudrais rester un instant seul avec ma fille; ne sois pas jaloux, je te demande quelques minutes, et je te l'ai laissée quatorze ans... Quatorze ans!... J'eusse pu être si heureux pendant ces quatorze années !... Oh! l'homme est bien insensé !

Le chevalier, tout attendri que le prince se fût rappelé le nom dont il l'appelait au collége, serra la main que son ami lui tendait et s'éloigna doucement.

Le prince le suivit des yeux; puis, lorsqu'il eut disparu :

— Nous voilà seuls, ma Luisa, dit-il. Je ne suis pas inquiet sur ta fortune; car, sur ce point, j'ai pris les mesures nécessaires; mais je suis inquiet pour ton bonheur... Voyons, oublie que je suis presque un étranger pour toi, oublie que nous sommes séparés depuis quatorze ans; figure-toi que tu as grandi près de moi dans cette douce habitude de me confier toutes tes pensées; eh bien, s'il en était ainsi et que nous fussions arrivés à cette heure suprême où nous sommes, qu'aurais-tu à me dire?

— Rien autre chose que ceci, mon père : en venant au palais, nous avons rencontré un homme du peuple qui s'agenouillait à la porte d'une église où l'on priait pour vous, joignant cette prière à la prière universelle : « Sainte mère de Dieu ! offre ma vie à ton divin fils, si la vie d'un pauvre pécheur comme moi peut racheter la vie de notre vice-roi bien-aimé. » A vous et à Dieu, mon père, je n'aurais rien autre chose à dire que ce que disait cet homme à la madone.

— Le sacrifice serait trop grand, répondit le prince en secouant doucement la tête. Moi, bonne ou mauvaise, j'ai vécu ma vie; à toi, mon enfant, de vivre la tienne, et, pour que nous te la préparions la plus heureuse possible, voyons, n'aie point de secrets pour moi.

— Je n'ai de secrets pour personne, dit la jeune fille en le regardant avec ses grands yeux limpides, dans lesquels se peignait une nuance d'étonnement.

— Tu as dix-neuf ans, Luisa?

— Oui, mon père.

— Tu n'es point arrivée à cet âge sans avoir aimé quelqu'un ?

— Je vous aime, mon père ; j'aime le chevalier, qui vous a remplacé près de moi ; là se borne le cercle de mes affections.

— Tu ne me comprends pas ou tu affectes de ne pas me comprendre, Luisa. Je te demande si tu n'as distingué aucun des jeunes gens que tu as vus chez San-Felice ou rencontrés ailleurs ?

— Nous ne sortions jamais, mon père, et je n'ai jamais vu chez mon tuteur d'autre jeune homme que mon frère de lait Michel, qui y venait, tous les quinze jours, chercher la petite pension que je faisais à sa mère.

— Ainsi, tu n'aimes personne d'amour ?

— Personne, mon père.

— Et tu as vécu heureuse jusqu'à présent ?

— Oh ! très-heureuse.

— Et tu ne désirais rien ?

— Vous revoir, voilà tout.

— Est-ce qu'une suite de jours pareils à ceux que tu as passés jusqu'aujourd'hui, te paraîtrait un bonheur suffisant ?

— Je ne demanderais rien autre chose à Dieu qu'un pareil chemin pour me conduire au ciel. Le chevalier est si bon !

— Écoute, Luisa. Tu ne sauras jamais ce que vaut cet homme.

— Si vous n'étiez point là, mon père, je dirais que je ne connais pas un être meilleur, plus tendre, plus dévoué que lui. Oh! tout le monde sait ce qu'il vaut, mon père, excepté lui-même, et cette ignorance est encore une de ses vertus.

— Luisa, j'ai, depuis quelques jours, c'est-à-dire depuis que je ne pense plus qu'à deux choses, à la mort et à toi, j'ai fait un rêve : c'est que tu pouvais passer au milieu de ce monde méchant et corrompu sans t'y mêler. Écoute, nous n'avons point de temps à perdre en préparations vaines; voyons, la main sur ton cœur, éprouverais-tu quelque répugnance à devenir la femme de San-Felice.

La jeune fille tressaillit et regarda le prince.

— Ne m'as-tu point entendu? lui demanda celui-ci.

— Si fait, mon père; mais la question que vous venez de m'adresser était si loin de ma pensée.

— Bien, ma Luisa, n'en parlons plus, dit le prince, qui crut voir une opposition déguisée sous cette réponse. C'était pour moi, encore plus que pour toi, égoïste que je suis, que je te faisais cette question. Quand on meurt, vois-tu, on est plein de trouble et d'inquiétude, surtout quand on se rappelle la vie. Je fusse mort tranquille et sûr de ton bonheur en te confiant à un si grand esprit, à un si noble cœur; n'en parlons plus et rappelons-le... Luciano!

Luisa serra la main de son père comme pour l'empêcher de prononcer une seconde fois le nom du chevalier.

Le prince la regarda.

— Je ne vous ai pas répondu, mon père, dit-elle.

— Réponds, alors. Oh! nous n'avons pas de temps à perdre.

— Mon père, dit Luisa, je n'aime personne; mais j'aimerais quelqu'un, qu'un désir exprimé par vous en un pareil moment serait un ordre.

— Réfléchis bien, reprit le prince, dont une expression de joie éclaira le visage.

— J'ai dit, mon père! reprit la jeune fille, qui semblait puiser la fermeté de la réponse dans la solennité de la situation.

— Luciano! cria le prince.

San-Felice reparut.

— Viens, viens vite, mon ami! elle consent, elle veut bien.

Luisa tendit sa main au chevalier.

— A quoi consens-tu, Luisa? demanda le chevalier de sa voix douce et caressante.

— Mon père dit qu'il mourra heureux, bon ami,

si nous lui promettons, moi, d'être votre femme, vous, d'être mon mari. J'ai promis de mon côté.

Si Luisa était peu préparée à une pareille ouverture, certes, le chevalier l'était encore moins; il regarda tour à tour le prince et Luisa, et, avec une soudaine exclamation :

— Mais cela n'est pas possible ! dit-il.

Cependant le regard dont il couvrait Luisa en ce moment donnait clairement à entendre que ce n'était pas de son côté que viendrait l'impossibilité.

— Pas possible, et pourquoi ? demanda le prince.

— Mais regarde-nous donc tous deux ! Vois-la, elle, apparaissant au seuil de la vie dans toute la fleur de la jeunesse, ne connaissant pas l'amour, mais aspirant à le connaître; et moi !... moi avec mes quarante-huit ans, mes cheveux gris, ma tête inclinée par l'étude !... Tu vois bien que cela n'est pas possible, Giuséppe.

Elle vient de me dire qu'elle n'aimait que nous deux au monde.

— Eh ! voilà justement ! elle nous aime du même amour; à nous deux, l'un complétant l'autre, nous avons été son père, toi par le sang, moi par l'éducation; mais bientôt cet amour ne lui suffira plus. A la jeunesse, il faut le printemps; les bourgeons poussent en mars, les fleurs s'ouvrent en avril, les noces de la nature se font en mai; le jardinier qui voudrait changer l'ordre des saisons serait non-seulement un insensé, mais encore un impie.

— Oh! mon dernier espoir perdu! dit le prince.

— Vous le voyez, mon père, fit Luisa, ce n'est pas moi, c'est lui qui refuse.

— Oui, c'est moi qui refuse, mais avec ma raison et non avec mon cœur. Est-ce que l'hiver refuse jamais un rayon de soleil? Si j'étais un égoïste, je dirais: « J'accepte. » Je t'emporterais dans mes bras comme ces dieux ravisseurs de l'antiquité emportaient les nymphes; mais, tu le sais, tout dieu qu'il était, Pluton, en épousant la fille de Cérès, ne put lui donner pour dot qu'une nuit éternelle où elle serait morte de tristesse et d'ennui si sa mère ne lui avait pas rendu six mois de jour. — Ne songe plus à cela, Caramanico; en croyant préparer le bonheur de ton enfant et de ton ami, tu ferais le deuil de deux cœurs.

— Il m'aimait comme sa fille, et ne veut pas de moi pour femme, dit Luisa. Je l'aimais comme mon père, et cependant je veux bien de lui pour mon époux.

— Sois bénie, ma fille, dit le prince.

— Et moi, Giuseppe, reprit le chevalier, je suis exclu de la bénédiction paternelle. Comment, continua-t-il en haussant les épaules, comment se peut-il que, toi qui as épuisé toutes les passions, tu te trompes ainsi sur ce grand mystère qu'on appelle la vie ?

— Eh ! s'écria le prince, c'est justement parce que j'ai épuisé toutes les passions, c'est justement parce que j'ai mordu dans ces fruits du lac Asphalte et que je les ai trouvés pleins de cendre, c'est justement pour cela que je lui voulais, à elle, une vie douce, calme et sans passions, une vie telle qu'elle l'a menée jusqu'à ce jour et qu'elle avoue être le bonheur. M'as-tu dit avoir été heureuse jusqu'aujourd'hui ?

— Oui, mon père, bienheureuse.

— Tu l'entends, Luciano !

— Dieu m'est témoin, dit le chevalier en enveloppant la tête de Luisa de son bras, en approchant son front de ses lèvres et en y déposant le même baiser qu'il lui donnait tous les matins, Dieu m'est témoin que, moi aussi, j'ai été heureux; Dieu m'est témoin encore que, le jour où Luisa me quittera pour suivre un mari, ce jour-là, tout ce que j'aime au monde, tout ce qui me fait tenir à la vie m'aura abandonné; ce jour-là, mon ami, je vêtirai le linceul en attendant le tombeau !

— Eh bien, alors? s'écria le prince.

— Mais elle aimera, te dis-je ! s'écria San-Felice

avec un accent douloureux que sa voix n'avait pas pris encore; elle aimera, et celui qu'elle aimera, ce ne sera pas moi. Dis! ne vaut-il pas mieux qu'elle aime jeune fille et libre, que femme et enchaînée? Libre, elle s'envolera comme l'oiseau que le chant de l'oiseau appelle; et qu'importe à l'oiseau qui s'envole que la branche sur laquelle il était posé tremble, se fane et meure après son départ?

Puis, avec une expression de mélancolie qui n'appartenait qu'à cette nature poétique :

— Si, au moins, ajouta-t-il, l'oiseau revenait faire son nid sur la branche abandonnée, peut-être reviendrait-elle !

— Alors, dit Luisa, comme je ne veux pas vous désobéir, mon père, je ne me marierai jamais.

— Rejeton stérile de l'arbre abattu par la tempête, murmura le prince, flétris-toi donc avec lui !

Et il pencha sa tête sur sa poitrine; une larme échappée de ses yeux tomba sur la main de Luisa, qui, soulevant sa main, montra silencieusement cette larme au chevalier.

— Eh bien, puisque vous le voulez tous deux, dit le chevalier, je consens à cette chose, c'est-à-dire à ce que je redoute et désire tout à la fois le plus au monde; mais j'y mets une condition.

— Laquelle? demanda le prince.

— Le mariage n'aura lieu que dans un an. Pendant cette année, Luisa verra le monde qu'elle n'a pas vu, connaîtra ces jeunes gens qu'elle ne connaît pas. Si, dans un an, aucun des hommes qu'elle aura rencontrés ne lui plaît; si, dans un an, elle est toujours aussi prête à renoncer à ce monde qu'elle l'est aujourd'hui; si, dans un an enfin, elle vient me dire : « Au nom de mon père, mon ami, sois mon époux! » alors je n'aurai plus aucune objection à faire, et, si je ne suis pas convaincu, au moins serai-je vaincu par l'épreuve.

— Oh! mon ami! s'écria le prince lui saisissant les deux mains.

— Mais écoute ce qui me reste à te dire, Joseph, et sois le témoin solennel de l'engagement que je prends, son vengeur implacable, si j'y manquais. Oui, je crois à la pureté, à la chasteté, à la vertu de cette enfant comme je crois à celle des anges; cependant elle est femme, elle peut faillir.

— Oh! murmura Luisa en couvrant son visage de ses deux mains.

— Elle peut faillir, insista San-Felice. Dans ce cas, je te promets, ami, je te jure, frère, sur ce crucifix, symbole de tout dévouement et devant lequel nos mains se joindront tout à l'heure, si un pareil malheur arrivait, je te jure de n'avoir pour la faute que miséricorde et pardon, et de ne dire sur la pauvre pécheresse que les paroles de notre divin Sauveur sur la femme adultère : *Que celui qui est sans péché lui jette la première pierre.* Ta main, Luisa !

La jeune fille obéit. Caramanico prit le crucifix et le leur présenta.

— Caramanico, dit San-Felice étendant sa main, jointe à celle de Luisa, sur le crucifix, je te jure que, si, dans un an, Luisa conserve encore ses intentions d'aujourd'hui, dans un an jour pour jour, heure pour heure, Luisa sera ma femme. Et maintenant, mon ami, meurs tranquille, j'ai juré.

Et, en effet, la nuit suivante, c'est-à-dire la nuit du 14 au 15 décembre 1795, le prince Caramanico mourut le sourire sur les lèvres et tenant dans sa main les mains réunies de San-Felice et de Luisa.

XVI

UNE ANNÉE D'ÉPREUVE

Le deuil fut grand à Palerme; les funérailles qui se firent de nuit, comme d'habitude, furent magnifiques. La ville entière suivait le convoi; la cathédrale, sous l'invocation de sainte Rosalie, éclairée tout entière en chapelle ardente, ne pouvait contenir la foule; cette foule débordait sur la place, et, de la place, si grande qu'elle fût, dans la rue de Tolède.

Derrière le catafalque, couvert d'un immense velours noir chargé de larmes d'argent et chamarré des premiers ordres de l'Europe, venait, conduit par deux pages, le cheval de bataille du prince, pauvre animal qui piaffait orgueilleusement sous ses caparaçons d'or, ignorant et la perte qu'il avait faite et le sort qui l'attendait.

En sortant de l'église, il reprit sa place derrière le char mortuaire; mais alors le premier écuyer du prince s'approcha, une lancette à la main, et, tandis que le cheval le reconnaissait, le caressait, hennissait, il lui ouvrit la jugulaire. Le noble animal poussa une faible plainte; car, quoique la douleur ne fût pas grande, la blessure devait être mortelle; il secoua sa tête ornée de panaches aux couleurs du prince, c'est-à-dire blancs et verts, et reprit son chemin; seulement, un filet de sang, mince mais continu, descendit de son cou sur son poitrail et laissa sa trace sur le pavé.

Au bout d'un quart d'heure, il trébucha une première fois et se releva en hennissant non plus de joie, mais de douleur.

Le cortége s'avançait au milieu du chant des prêtres, de la lumière des cierges, de la fumée de l'encens, suivant les rues tendues de noir, passant sous des arcs funèbres de cyprès.

Un caveau provisoire avait été préparé pour le prince dans le campo-santo des Capucins, son corps devant plus tard être transporté dans la chapelle de sa famille à Naples.

A la porte de la ville, le cheval, s'affaiblissant de plus en plus par la perte de son sang, butta une seconde fois; il hennit de terreur et son œil s'effara.

Deux étrangers, deux inconnus, un homme et une femme conduisaient ce deuil presque royal, qui des classes supérieures atteignait les classes les plus infimes de la société : c'était le chevalier et Luisa, mêlant leurs pleurs, l'une murmurant : « Mon père!... » l'autre : « Mon ami!... »

On arriva au caveau, désigné seulement par une grande dalle sur laquelle étaient gravés les armes et le nom du prince; cette dalle fut soulevée pour donner passage au cercueil, et un *De Profundis* immense, chanté par cent mille voix, monta au ciel.

Le cheval agonisant, ayant perdu par la route la moitié de son sang, était tombé sur ses deux genoux :

on eût dit que le pauvre animal, lui aussi, priait pour son maitre; mais, lorsque s'éteignit la dernière note du chant des prêtres, il s'abattit sur la dalle refermée, s'allongea sur elle comme pour en garder l'accès et rendit le dernier soupir.

C'était un reste des coutumes guerrières et poétiques du moyen âge : le cheval ne devait pas survivre au chevalier. Quarante-deux autres chevaux, formant les écuries du prince, furent égorgés sur le corps du premier.

On éteignit les cierges, et tout ce cortége immense, silencieux comme une procession de fantômes, rentra dans la ville sombre, où pas une lumière ne brillait, ni dans les rues, ni aux fenêtres. On eût dit qu'un seul flambeau éclairait la vaste nécropole, et que, la mort ayant soufflé sur ce flambeau, tout était rentré dans la nuit.

Le lendemain, au point du jour, San-Felice et Luisa se rembarquèrent et partirent pour Naples. Trois mois furent donnés à cette douleur bien sincère, trois mois pendant lesquels on vécut de la même vie que par le passé, plus triste, voilà tout.

Ces trois mois écoulés, San-Felice exigea que commençât l'année d'épreuve, c'est-à-dire que Luisa vît le monde; il acheta une voiture et des chevaux, la voiture la plus élégante, les chevaux les meilleurs qu'il put trouver ; il augmenta sa maison d'un cocher, d'un valet de chambre et d'une camériste, et commença de se mêler avec Luisa aux promeneurs journaliers de Tolède et de Chiaïa.

La duchesse Fusco, sa voisine, veuve à trente ans et maîtresse d'un grande fortune, recevait beaucoup de monde et la meilleure société de Naples : elle avait, attirée par ce sentiment sympatique si puissant sur les Italiennes, invité souvent sa jeune amie à assister à ses soirées, et Luisa avait toujours refusé, objectant la vie retirée que menait son tuteur. Cette fois, ce fut San-Felice lui-même qui alla chez la duchesse Fusco, la priant de renouveler ses invitations à sa pupille ; ce que celle-ci fit avec plaisir.

L'hiver de 1796 fut donc à la fois une époque de fêtes et de deuil pour la pauvre orpheline ; à chaque nouvelle occasion que lui donnait son tuteur de se faire voir et, par conséquent, de briller, elle opposait une véritable résistance et une sincère douleur ; mais San-Felice répondait par le mot charmant de son enfance : *Va t'en, chagrin, papa le veut.*

Le chagrin ne s'en allait pas, mais seulement il disparaissait à la surface ; Luisa le renfermait au fond de son cœur, il jaillissait par ses yeux, se répandait sur son visage, et cette douce mélancolie qui l'enveloppait comme un nuage, la faisait plus belle encore.

On la savait, d'ailleurs, sinon une riche héritière, du moins ce que l'on appelle, en matière de mariage, un parti convenable. Elle avait, grâce à la précaution prise par son père et aux soins donnés à sa petite fortune par San-Felice, elle avait cent vingt-cinq mille ducats de dot, c'est-à-dire un demi-million placé dans la meilleure maison de Naples, chez MM. Simon André, Backer et Ce, banquiers du roi; puis on ne connaissait à San-Felice, dont on la croyait la fille naturelle, d'autre héritier qu'elle, et San-Felice, sans être un capitaliste, avait, de son côté, une certaine fortune.

En ces sortes de matières, ceux qui calculent calculent tout.

Luisa avait rencontré chez la comtesse Fusco un homme de trente à trente-cinq ans, portant un des plus beaux noms de Naples et ayant marqué d'une façon distinguée à Toulon dans la guerre de 1793; il venait d'obtenir, avec le titre de brigadier, le commandement d'un corps de cavalerie, destiné à servir d'auxiliaire dans l'armée autrichienne, lors de la campagne de 1796, qui allait s'ouvrir en Italie : on l'appelait le prince de Moliterno.

Il n'avait point encore reçu à cette époque, au travers du visage, le coup de sabre qui, en le privant d'un œil, y mit ce cachet de courage que personne, au reste, ne songea jamais à lui contester.

Il avait un grand nom, une certaine fortune, un palais à Chiaïa. Il vit Luisa, en devint amoureux, pria la duchesse Fusco d'être son intermédiaire près de sa jeune amie et n'emporta qu'un refus.

Luisa avait souvent croisé à Chiaïa et à Tolède, quand elle s'y promenait avec cette belle voiture et ces beaux chevaux que lui avait achetés son tuteur, un charmant cavalier de vingt-cinq à vingt-six ans à peine, tout à la fois le Richelieu et le Saint-Georges de Naples : c'était le frère ainé de Nicolino Caracciolo, avec lequel nous avons fait connaissance au palais de la reine Jeanne, c'était le duc de Rocca-Romana.

Beaucoup de bruits, qui eussent été peut-être peu honorables pour un gentilhomme dans nos capitales du Nord, mais qui, à Naples, pays de mœurs faciles et de morale accommodante, ne servaient qu'à rehausser sa considération, couraient sur son compte et le faisaient un objet d'envie pour la jeunesse dorée de Naples ; on disait qu'il était un des amants éphémères que le favori-ministre Acton permettait à la reine, comme Potemkine à Catherine II, à la condition que lui resterait l'amant inamovible, et que c'était la reine qui entretenait ce luxe de beaux chevaux et de nombreux serviteurs, qui n'avait pas sa source dans une fortune assez considérable pour alimenter de pareilles dépenses; mais on disait aussi que, protégé comme il l'était, le duc pouvait parvenir à tout.

Un jour, ne sachant comment s'introduire chez San-Felice, le duc de Rocca-Romana s'y présenta de la part du prince héréditaire François, dont il était grand écuyer; il était porteur du brevet de bibliothécaire de Son Altesse, espèce de sinécure que le prince offrait au mérite bien reconnu de San-Felice.

San-Felice refusa, se déclarant incapable, non pas d'être bibliothécaire, mais de se plier aux mille petits devoirs d'étiquette qu'entraîne une charge à la cour. Le lendemain, la voiture du prince s'arrêtait devant la porte de la maison du Palmier, et le prince lui-même venait renouveler au chevalier l'offre de son grand écuyer.

Il n'y avait pas moyen de refuser un tel honneur, offert par le futur héritier du royaume. San-Felice objecta seulement une difficulté momentanée et demanda que Son Altesse voulût bien remettre à six mois les effets de sa bonne volonté; ces six mois écoulés, Luisa serait ou la femme d'un autre ou la sienne : si elle était la femme d'un autre, il aurait besoin de distractions pour se consoler; si elle était la sienne, ce serait un moyen de lui ouvrir les portes de la cour et de la distraire elle-même.

Le prince François, homme intelligent, amoureux de la véritable science, accepta le délai, fit compliment à San-Felice sur la beauté de sa pupille et sortit.

Mais la porte fut ouverte à Rocca-Romana, qui épuisa en vain pendant trois mois près de Luisa, les trésors de son éloquence et les merveilles de sa coquetterie.

Le temps approchait qui devait décider du sort de Luisa, et Luisa, malgré toutes les séductions qui l'entouraient, persistait dans sa résolution de tenir la promesse donnée à son père ; alors, San-Felice voulut lui rendre un compte exact de toute sa fortune afin de la séparer de la sienne, et que Luisa en fût, quoique sa femme, complétement maîtresse ; il pria donc les banquiers Backer, chez lesquels la somme primitive de cinquante mille ducats avait été placée il y avait déjà quinze ans, de lui faire ce que l'on appelle, en termes de banque, un état de situation. André Backer, fils aîné de Simon Backer, se présenta chez San-Felice avec tous les papiers concernant ce placement et les preuves matérielles de la façon dont son père avait placé et fait valoir cet argent. Quoique Luisa ne prît point un grand intérêt à tous ces détails, San-Felice voulut qu'elle assistât à la séance; André Backer ne l'avait jamais vue de près, il fut frappé de sa merveilleuse beauté; il prit, pour revenir chez San-Felice, le prétexte de quelques papiers qui lui manquaient; il revint souvent et finit par déclarer à son client qu'il était amoureux fou de sa pupille; il pouvait distraire, en se mariant, un million de la maison de son père en faisant valoir comme pour lui les cinq cent mille francs de Luisa, si elle consentait à devenir sa femme; il pouvait en quelques années doubler, quadrupler, sextupler cette fortune; Luisa serait alors une des femmes les plus riches de Naples, pourrait lutter d'élégance avec la plus haute aristocratie et effacer les plus grandes dames par son luxe, comme elle les effaçait déjà par sa beauté. Luisa ne se laissa aucunement éblouir par cette brillante perspective; et San-Felice, tout joyeux et tout fier, au bout du compte, de voir que Luisa avait refusé pour lui l'illustration dans Moliterno, l'esprit et l'élégance dans Rocca-Romana, la fortune et le luxe dans André Backer, San-Felice invita André Backer à revenir dans la maison autant qu'il lui plairait comme ami, mais à la condition qu'il renoncerait entièrement à y revenir comme prétendant.

Enfin, le terme fixé par San-Felice lui-même étant

arrivé le 14 novembre 1795, anniversaire de la promesse faite par lui au prince Caramanico mourant, simplement, sans pompe aucune, seulement en présence du prince François, qui voulut servir de témoin à son futur bibliothécaire, San-Felice et Luisa Molina furent unis à l'église de Pie-di-Grotta.

Aussitôt le mariage célébré, Luisa demanda pour première grâce à son mari de réduire la maison sur le pied où elle était auparavant, désirant continuer de vivre avec cette même simplicité où elle avait vécu pendant quatorze ans. Le cocher et le valet de chambre furent donc renvoyés, les chevaux et la voiture furent vendus; on ne garda que la jeune femme de chambre Nina, qui paraissait avoir voué un sincère attachement à sa maîtresse; on fit une pension à la vieille gouvernante, qui regrettait toujours son Portici et qui y retourna joyeuse, comme un exilé qui rentre dans sa patrie.

De toutes les connaissances qu'elle avait faites pendant ses neuf mois de passage à travers le monde, Luisa ne garda qu'une seule amie : c'était la duchesse Fusco, veuve et riche, âgée de dix ans plus qu'elle, comme nous l'avons dit, et sur laquelle la médisance la plus exercée n'avait rien trouvé à dire, sinon qu'elle blâmait peut-être un peu trop haut et trop librement les actes politiques du gouvernement et la conduite privée de la reine.

Bientôt les deux amies furent inséparables; les deux maisons n'en avaient fait qu'une autrefois et avaient été séparées dans un partage de famille. Il fut convenu que, pour se voir sans contrainte à toute heure du jour et même de la nuit, une ancienne porte de communication qui avait été fermée lors de ce partage de famille serait rouverte; on soumit la proposition au chevalier San-Felice, qui, loin de voir un inconvénient à cette réouverture, mit lui-même les ouvriers à l'œuvre; rien ne pouvait lui être plus agréable pour sa jeune femme qu'une amie du rang, de l'âge et de la réputation de la duchesse Fusco.

Dès lors, les deux amies furent inséparables.

Une année tout entière se passa dans la félicité la plus parfaite. Luisa atteignit sa vingt et unième année, et peut-être sa vie se serait-elle écoulée dans cette sereine placidité si quelques paroles imprudentes dites par la duchesse Fusco sur Emma Lyonna n'eussent été rapportées à la reine. Caroline ne plaisantait pas à l'endroit de la favorite : la duchesse Fusco reçut, de la part du ministre de la police, une invitation d'aller passer quelque temps dans ses terres.

Elle avait pris avec elle une de ses amies, compromise comme elle et nommée Eleonora Fonseca Pimentel. Celle-là était accusée non-seulement d'avoir parlé, mais encore d'avoir écrit.

Le temps que la duchesse Fusco devait passer en exil était illimité ; un avis émané du même ministre devait lui annoncer qu'il lui était permis de rentrer à Naples.

Elle partit pour la Basilicate, où étaient ses propriétés, laissant à Luisa toutes les clefs de sa maison, afin qu'en son absence elle pût veiller elle-même à ces mille soins qu'exige un mobilier élégant.

Luisa se trouva seule.

Le prince François avait pris en grande amitié son bibliothécaire, et, trouvant en lui, sous l'enveloppe d'un homme du monde, une science aussi étendue que profonde, ne pouvait plus se passer de sa société, qu'il préférait à celle de ses courtisans. Le prince François était, en effet, d'un caractère doux et timide, que la crainte rendit plus tard profondément dissimulé. Effrayé des violences politiques de sa mère, la voyant se dépopulariser de plus en plus, sentant le trône chanceler sous ses pieds, il voulait hériter de la popularité que perdait la reine en paraissant complétement étranger, opposé même à la politique suivie par le gouvernement napolitain ; la science lui offrait un refuge : il se fit de son bibliothécaire un bouclier, et parut complétement absorbé dans ses travaux archéologiques, géologiques et philologiques, et cela sans perdre de vue le cours des événements journaliers, qui, selon lui, se pressaient vers une catastrophe.

Le prince François faisait donc cette habile et sourde opposition libérale que, sous les gouvernements despotiques, font toujours les héritiers de la couronne.

Sur ces entrefaites, le prince François, lui aussi, s'était marié et avait en grande pompe ramené à Naples cette jeune archiduchesse Marie-Clémentine, dont la tristesse et la pâleur faisaient, au milieu de cette cour, l'effet que fait dans un jardin une fleur de nuit, toujours prête à se fermer aux rayons du soleil.

Il avait fort invité San-Felice à amener sa femme aux fêtes qui avaient eu lieu à l'occasion de son mariage; mais Luisa, qui tenait de son amie la duchesse Fusco des détails précis sur la corruption de cette cour, avait prié son mari de la dispenser de toute apparition au palais. Son mari, qui ne demandait pas mieux que de voir sa femme préférer à tout son chaste gynécée, l'avait excusée de son mieux. L'excuse avait-elle été trouvée bonne? L'important était qu'elle eût paru bonne et eût été acceptée.

Mais, nous l'avons dit, depuis près d'un an, la

duchesse Fusco était partie et Luisa s'était trouvée seule ; la solitude est la mère des rêves, et Luisa seule, son mari retenu au palais, son amie envoyée en exil, Luisa s'était mise à rêver.

A quoi ? Elle n'en savait rien elle-même. Ses rêves n'avaient point de corps, aucun fantôme ne les peuplait ; c'étaient de douces et inquiètes langueurs, de vagues et tendres aspirations vers l'inconnu ; rien ne lui manquait, elle ne désirait rien, et cependant elle sentait un vide étrange dont le siége était sinon dans son cœur, du moins déjà autour de son cœur.

Elle se disait à elle-même que son mari, qui savait toute chose, lui donnerait certainement l'explication de cet état si nouveau pour elle ; mais elle ignorait pourquoi elle fût morte plutôt que de recourir à lui pour avoir des explications à ce sujet.

Ce fut dans cette disposition d'esprit qu'un jour, son frère de lait Michele étant venu et lui ayant parlé de la sorcière albanaise, elle lui avait, après quelque hésitation, dit de la lui amener le lendemain, dans la soirée, son mari devant probablement être retenu une partie de la nuit à la cour par les fêtes que l'on y donnerait en l'honneur de Nelson, et pour célébrer la victoire que celui-ci avait remportée sur les Français. Nous avons vu ce qui s'était passé pendant cette soirée sur trois points différents, à l'ambassade d'Angleterre, au palais de la reine Jeanne et à la maison du Palmier; et comment, amenée dans cette maison par Michele, soit hasard, soit pénétration, soit connaissance réelle de la mystérieuse science parvenue jusqu'à nous du moyen âge sous le nom de cabale, la sorcière avait lu dans le cœur de la jeune femme et lui avait prédit le changement que la naissance prochaine des passions devait produire dans ce cœur encore si chaste et si immaculé.

L'événement, soit hasard, soit fatalité, avait suivi la prédiction. Entraînée par un sentiment irrésistible vers celui à qui sa prompte arrivée avait probablement sauvé la vie, nous l'avons vue, ayant pour la première fois un secret à elle seule, fuir la présence de son mari, faire semblant de dormir, recevoir sur son front plein de trouble le calme baiser conjugal, et, San-Felice sorti de la chambre, se relever furtivement pieds nus, l'âme pleine d'angoisse, et venir, d'un œil inquiet, interroger la mort planant au-dessus du lit du blessé.

Laissons Luisa, le cœur tout plein des bondissantes palpitations d'un amour naissant, veiller anxieuse au chevet du moribond, et voyons ce qui se passait au conseil du roi Ferdinand le lendemain du jour où l'ambassadeur de France avait jeté aux convives de sir William Hamilton ses terribles adieux.

XVII

LE ROI

Si nous avions entrepris, au lieu du récit d'événements historiques auxquels la vérité doit donner un cachet plus profondément terrible, et qui, d'ailleurs, ont pris une place ineffaçable dans les annales du monde, si nous avions entrepris, disons-nous, d'écrire un simple roman de deux ou trois cents pages, dans le but inutile et mesquin de distraire, par une suite d'aventures plus ou moins pittoresques, d'événements plus ou moins dramatiques, sortis de notre imagination, une lectrice frivole ou un lecteur blasé, nous suivrions le principe du poëte latin, et, nous hâtant vers le dénoûment, nous ferions assister immédiatement notre lecteur ou notre lectrice aux délibérations de ce conseil auquel assistait le roi Ferdinand et que présidait la reine Caroline, sans nous inquiéter de leur faire faire une connaissance plus intime avec ces deux souverains, dont nous avons indiqué la silhouette dans notre premier chapitre. Mais alors, nous en sommes certain, ce que notre récit gagnerait en rapidité, il le perdrait en intérêt; car, à notre avis, mieux on connaît les personnages que l'on voit agir, plus grande est la curiosité qu'on prend aux actions bonnes ou mauvaises qu'ils accomplissent; d'ailleurs, les personnalités étranges que nous avons à mettre en relief dans les deux héros couronnés de cette histoire ont tant de côtés bizarres, que certaines pages de notre récit deviendraient incroyables ou incompréhensibles, si nous ne nous arrêtions pas un instant pour transformer nos croquis, faits à grands traits et au fusain, en deux portraits à l'huile, modelés de notre mieux, et qui n'auront rien de commun, nous le promettons d'avance, avec ces peintures officielles de rois et de reines que les ministres de l'intérieur envoient aux chefs-lieux de département et de canton pour décorer les préfectures et les mairies.

Reprenons donc les choses, ou plutôt les individus, de plus haut.

La mort de Ferdinand VI, arrivée en 1759, appela au trône d'Espagne son frère cadet, qui régnait à Naples et qui lui succéda sous le nom de Charles III.

Charles III avait trois fils : le premier, nommé Philippe, qui eût dû, à l'avénement au trône de son père, devenir prince des Asturies et héritier de la couronne d'Espagne, si les mauvais traitements de sa mère ne l'eussent rendu fou, ou plutôt imbécile ; le second, nommé Charles, qui remplit la vacance laissée par la défaillance de son frère aîné, et qui régna sous le nom de Charles IV ; enfin le troisième, nommé Ferdinand, auquel son père laissa cette couronne de Naples qu'il avait conquise à la pointe de son épée et qu'il était forcé d'abandonner.

Ce jeune prince, âgé de sept ans au moment du départ de son père pour l'Espagne, restait sous une double tutelle politique et morale. Son tuteur politique était Tanucci, régent du royaume ; son tuteur moral était le prince de San-Nicandro, son précepteur.

Tanucci était un fin et rusé Florentin qui dut la place assez distinguée qu'il tient dans l'histoire, non pas à son grand mérite personnel, mais au peu de mérite des ministres qui lui succédèrent ; grand par son isolement, il redescendrait à une taille ordinaire s'il avait pour point de comparaison un Colbert ou même un Louvois.

Quant au prince de San-Nicandro, — qui avait, assure-t-on, acheté à la mère de Ferdinand, à la reine Marie-Amélie (1), à cette même princesse qui

(1) Inutile de dire que cette reine *Marie-Amélie*, quoique por-

avait rendu fou son fils ainé à force de mauvais traitements, le droit de faire non pas un fou, mais un ignorant de son troisième fils, et qui avait payé ce droit trente mille ducats, à ce que l'on assurait toujours, — c'était le plus riche, le plus inepte, le plus corrompu des courtisans qui fourmillaient, vers la moitié du siècle dernier, autour du trône des Deux-Siciles.

On se demande comment un pareil homme pouvait arriver, même à force d'argent, à devenir précepteur d'un prince dont un homme aussi intelligent que Tanucci était ministre; la réponse est bien simple : Tanucci, régent du royaume, c'est-à-dire véritable roi des Deux-Siciles, n'était point fâché de prolonger cette royauté au delà de la majorité de son auguste pupille; Florentin, il avait sous les yeux l'exemple de la Florentine Catherine de Médicis, qui régna successivement sous François II, Charles IX et Henri III; or, lui ne pouvait pas manquer de régner sous ou sur Ferdinand, comme on voudra, si le prince de San-Nicandro arrivait à faire de son élève un prince aussi ignorant et aussi nul que son précepteur.

---

tant les mêmes prénoms, n'a rien de commun que la parenté avec la respectable et respectée reine Marie-Amélie, veuve du roi Louis-Philippe.

Et, il faut le dire, si telles étaient les vues de Tanucci, le prince de San-Nicandro entra complétement dans ses vues : ce fut un jésuite allemand qui fut chargé d'apprendre au roi le français, que le roi ne sut jamais; et, comme on ne jugea point à propos de lui apprendre l'italien, il en résulta qu'il ne parlait encore, à l'époque de son mariage, que le patois des lazzaroni, qu'il avait appris des valets qui le servaient et des enfants du peuple qu'on laissait approcher de lui pour sa distraction. Marie-Caroline lui fit honte de cette ignorance, lui apprit à lire et à écrire, deux choses qu'il savait à peine, et lui fit apprendre un peu d'italien, chose qu'il ne savait pas du tout; aussi, dans ses moments de bonne humeur ou de tendresse conjugale, n'appelait-il jamais Caroline que *ma chère maîtresse*, faisant ainsi allusion aux trois parties de son éducation qu'elle avait essayé de compléter.

Veut-on un exemple de l'idiotisme du prince de San-Nicandro? Cet exemple, le voici :

Un jour, le digne précepteur trouva dans les mains de Ferdinand les *Mémoires de Sully*, que le jeune prince essayait de déchiffrer, ayant entendu dire qu'il descendait de Henri IV et que Sully était ministre de Henri IV. Le livre lui fut immédiatement enlevé, et l'honnête imprudent qui lui avait prêté ce mauvais livre fut sévèrement réprimandé.

Le prince de San-Nicandro ne permettait qu'un livre, ne connaissait qu'un livre, n'avait jamais lu qu'un livre : c'était l'*Office de la Vierge*.

Et nous appuyons sur cette première éducation pour ne pas faire au roi Ferdinand plus grande qu'il n'est juste la responsabilité des actes odieux que nous allons voir s'accomplir dans le cours du récit que nous avons entrepris.

Ce premier point d'impartialité historique bien établi, voyons ce que fut cette éducation.

Ce n'était point assez pour la tranquillité de la conscience du prince de San-Nicandro que cette conviction consolante que, ne sachant rien, il ne pouvait rien apprendre à son élève; mais, afin de le maintenir dans une éternelle enfance, tout en développant, par des exercices violents, les qualités physiques dont la nature l'avait doué, il écarta de lui, homme ou livre, tout ce qui pouvait jeter dans son esprit la moindre lumière sur le beau, sur le bon et sur le juste.

Le roi Charles III était, comme Nemrod, un grand chasseur devant Dieu; le prince de San-Nicandro fit tout ce qu'il put pour que, sous ce rapport du moins, le fils marchât sur les traces de son père; il remit en vigueur toutes les ordonnances tyranniques sur la chasse, tombées en désuétude, même sous Charles III :

les braconniers furent punis de la prison, des fers et même de l'estrapade; on repeupla les forêts royales de gros gibier; on multiplia les gardes, et, de peur que la chasse, plaisir fatigant, ne laissât au jeune prince, par la lassitude qui en était la suite, trop de temps libre, et que, pendant ce temps, chose peu probable mais possible, il ne lui prît le désir d'étudier, son précepteur lui donna le goût de la pêche, plaisir tranquille et bourgeois, pouvant servir de repos au plaisir violent et royal de la chasse.

Une des choses qui inquiétaient surtout le prince de San-Nicandro pour l'avenir du peuple sur lequel son élève était appelé à régner, c'est que celui-ci avait un naturel doux et bon; il était donc urgent de le corriger avant tout de ces deux défauts, auxquels, selon le prince de San-Nicandro, il fallait bien se garder de laisser prendre racine dans le cœur d'un roi.

Voici comment s'y prit le prince de San-Nicandro pour corriger le jeune prince de ce double vice :

Il savait que le frère aîné de son élève, celui qui, devenu prince des Asturies, avait suivi son père en Espagne, trouvait, pendant son séjour à Naples, un suprême plaisir à écorcher des lapins vivants.

Il essaya de donner le goût de cet amusement royal à Ferdinand; mais le pauvre enfant y montra une telle répugnance, que San-Nicandro résolut de lui inspirer seulement le désir de tuer les pauvres bêtes. Pour donner à cet exercice le charme de la difficulté vaincue, et, comme, de peur qu'il ne se blessât, on ne pouvait encore mettre un fusil entre les mains d'un enfant de huit ou neuf ans, on rassemblait dans une cour une cinquantaine de lapins pris au filet, et, en les chassant devant soi, on les forçait de passer par une chatière pratiquée dans une porte; le jeune prince se tenait derrière cette porte avec un bâton et les assommait ou les manquait au passage.

Un autre plaisir auquel l'élève du prince de San-Nicandro prit un goût non moins vif qu'à celui d'assommer des lapins, fut celui de berner des animaux sur des couvertures; par malheur, un jour, il eut la malencontreuse idée de berner un des chiens de chasse du roi son père, ce qui lui valut une mercuriale sévère et une défense absolue de s'adresser jamais à l'un de ces nobles quadrupèdes.

Le roi Charles III parti pour l'Espagne, le prince de San-Nicandro ne vit point d'inconvénient à laisser son élève reconquérir la liberté qu'il avait perdue, et même à l'étendre des quadrupèdes aux bipèdes. Ainsi, un jour que Ferdinand jouait au ballon, il avisa, parmi ceux qui prenaient plaisir à le regarder faire des merveilles à cet exercice, un jeune homme maigre, poudré à blanc et vêtu de l'habit ecclésiastique. Le voir et céder à l'irrésistible désir de le berner fut l'affaire d'une seconde; il dit quelques mots tout bas à l'oreille d'un des laquais attendant ses ordres; le laquais courut vers le château, — la chose se passait à Portici, — en revint avec une couverture; la couverture apportée, le roi et trois joueurs se détachèrent du jeu, firent prendre par le laquais le patient désigné, le firent coucher sur la couverture qu'ils tenaient par les quatre coins, et le bernèrent au milieu des rires des assistants et des huées de la canaille.

Celui à qui cette injure fut faite était le cadet d'une noble famille florentine; il se nommait Mazzini. La honte qu'il éprouva d'avoir ainsi servi de jouet au prince et de risée à la valetaille, fut si grande, qu'il quitta Naples le jour même, se sauva à Rome, tomba malade en arrivant et mourut au bout de quelques jours.

La cour de Toscane fit ses plaintes aux cabinets de Naples et de Madrid; mais la mort d'un petit abbé cadet de famille était chose de trop peu d'importance, pour qu'il fût fait droit par le père du coupable et par le coupable lui-même.

On comprend que, tout entier abandonné à de pareils amusements, le roi, enfant, s'ennuyât de la société des gens instruits, et, jeune homme, en eût honte ; aussi passait-il tout son temps soit à la chasse, soit à la pêche, soit à faire faire l'exercice aux enfants de son âge, qu'il réunissait dans la cour du château et qu'il armait de manches à balai, nommant ces courtisans en herbe sergents, lieutenants, capitaines, et frappant de son fouet ceux qui faisaient de fausses manœuvres et de mauvais commandements. Mais les coups de fouet d'un prince sont des faveurs, et ceux qui, le soir venu, avaient reçu le plus de coups de fouet étaient ceux qui se tenaient pour être le plus avant dans les bonnes grâces de Sa Majesté.

Malgré ce défaut d'éducation, le roi conserva un certain bon sens qui, lorsqu'on ne l'influençait pas dans un sens contraire, le menait au juste et au vrai. Dans la première partie de sa vie, celle qui fut antérieure à la révolution française, et tant qu'il ne craignit pas l'invasion de ce qu'il appelait les mauvais principes, c'est-à-dire de la science et du progrès, sachant lire et écrire à peine, jamais il ne refusait ni places ni pensions aux hommes qu'on lui assurait être recommandables par leurs connaissances; parlant le patois du môle, il n'était point insensible à un langage élevé et éloquent. Un jour, un cordelier nommé le père Fosco, persécuté par les moines de son couvent parce qu'il était plus savant et meilleur prédicateur qu'eux, parvint jusqu'au roi, se jeta à ses pieds et lui raconta tout ce que lui faisaient souffrir leur ignorance et leur jalousie; le roi, frappé de l'élégance de ses paroles et de la force de son raisonnement, le fit causer longtemps; puis enfin il lui dit :

— Laissez-moi votre nom et rentrez dans votre couvent; je vous donne ma parole d'honneur que le premier évêché vacant sera pour vous.

Le premier évêché qui vint à vaquer fut celui de Monopoli, dans la terre de Bari, sur l'Adriatique.

Comme d'habitude, le grand aumônier présenta au roi trois candidats, de grande maison tous trois, pour remplir cette place; mais le roi Ferdinand, secouant la tête :

— Pardieu! dit-il, depuis que vous êtes chargé des présentations, vous m'avez fait donner assez de mitres à des ânes auxquels il eût suffi de mettre des bâts; il me plait aujourd'hui de faire un évêque de ma façon, et j'espère qu'il vaudra mieux que tous ceux que vous m'avez mis sur la conscience, et pour la nomination desquels je prie Dieu et saint Janvier de me pardonner.

Et, biffant les trois noms, il écrivit celui du père Fosco.

Le père Fosco fut, ainsi que l'avait prévu Ferdinand, un des évêques les plus remarquables du royaume, et, comme, un jour, quelqu'un qui l'avait entendu prêcher faisait compliment au roi, non-seulement sur l'éloquence, mais encore sur la conduite exemplaire de l'ex-cordelier :

— Je les choisirais bien toujours ainsi, répondit Ferdinand ; mais, jusqu'à présent, je n'ai connu qu'un seul homme de mérite parmi les gens d'Église ; le grand aumônier ne me propose que des ânes pour évêques. Que voulez-vous ! le pauvre homme ne connait que ses confrères d'écurie.

Ferdinand avait parfois une bonhomie de caractère qui rappelait celle de son aïeul Henri IV.

Un jour qu'il se promenait dans le parc de Caserte en habit militaire, une paysanne s'approcha de lui et lui dit :

— On m'a assuré, monsieur, que le roi se promenait souvent dans cette allée ; savez-vous si j'ai chance de le rencontrer aujourd'hui ?

— Ma bonne femme, lui répondit Ferdinand, je ne puis vous indiquer quand le roi passera ; mais, si vous avez quelque demande à lui faire, je puis me charger de la lui transmettre, étant de service près de lui.

— Eh bien, voici la chose, dit la femme : j'ai un

procès et, comme, étant une pauvre veuve, je n'ai point d'argent à donner au rapporteur, cet homme le fait traîner depuis trois ans.

— Avez-vous préparé une requête?

— Oui, monsieur; la voilà.

— Donnez-la-moi et venez demain à la même heure, je vous la rendrai apostillée par le roi.

— Et moi, dit la veuve, je n'ai que trois dindes grasses; mais, si vous faites cela, les trois dindes sont à vous.

— Revenez demain avec vos trois dindes, la bonne femme, et vous trouverez votre demande apostillée.

La veuve fut exacte au rendez-vous, mais pas plus que le roi ne le fut lui-même. Ferdinand tenait la requête, la femme tenait les trois dindes; il prit les trois dindes et la femme la requête.

Tandis que le roi tâtait les dindes pour voir si elles étaient effectivement aussi grasses que la femme l'avait dit, la bonne femme ouvrait la requête pour voir si elle était réellement apostillée.

Chacun avait tenu fidèlement sa parole; la femme s'en alla de son côté, le roi du sien.

Le roi entra dans la chambre de la reine, tenant ses trois dindes par les pattes, et, comme Marie-Caroline regardait sans y rien comprendre cette volaille qui se débattait aux mains de son mari :

— Eh bien, lui dit-il, ma chère maîtresse, vous qui dites toujours que je ne suis bon à rien, et que, si je n'étais pas né roi, je ne saurais pas gagner mon pain, cependant voilà trois dindes que l'on m'a données pour une signature !

Et il raconta toute l'aventure à la reine.

— Pauvre femme! dit celle-ci quand il eut fini son récit.

— Pourquoi, pauvre femme?

— Parce qu'elle a fait un mauvaise affaire. Croyez-vous donc que le rapporteur aura égard à votre signature?

— J'y ai bien pensé, dit Ferdinand avec un rire narquois; mais j'ai mon idée.

Et, en effet, la reine avait raison : la recommandation de son auguste époux ne fit pas le moindre effet sur le rapporteur, et le procès se continua tout aussi lentement que par le passé.

La veuve revint à Caserte, et, comme elle ne savait pas le nom de l'officier qui lui avait rendu service, elle demanda l'homme auquel elle avait donné trois dindes.

L'aventure avait fait du bruit; on prévint le roi que la plaideuse était là.

Le roi la fit entrer.

— Eh bien, ma bonne femme, lui dit-il, vous venez m'annoncer que votre procès est jugé?

— Ah bien, oui! dit-elle, il faut que le roi n'ait pas grand crédit; car, lorsque j'ai remis au rapporteur la requête apostillée par Sa Majesté, il a dit : « C'est bon, c'est bon! si le roi est pressé, il fera comme les autres, il attendra. » Aussi, ajouta-t-elle, si vous êtes un homme de conscience, vous me rendrez mes trois dindes, ou, tout au moins, vous me les payerez.

Le roi se mit à rire.

— Avec la meilleure volonté du monde, dit-il, je ne puis vous les rendre; mais je puis vous les payer.

Et, prenant dans sa poche tout ce qu'il y avait de pièces d'or, il les lui donna.

— Quant à votre rapporteur, ajouta-t-il, nous sommes au 25 du mois de mars : eh bien, vous verrez qu'à la première audience d'avril, votre procès sera jugé.

En effet, lorsque le rapporteur se présenta à la fin du mois pour toucher ses appointements, il lui fut dit, de la part du roi, par le trésorier :

— Ordre de Sa Majesté de ne vous payer que quand le procès qu'il vous a fait l'honneur de vous recommander sera jugé.

Comme l'avait prévu le roi, le procès fut jugé à la première audience.

Et l'on citait sur le roi, à Naples, nombre d'aventures de ce genre, dont nous nous contenterons de rapporter deux ou trois.

Un jour qu'il chassait dans la forêt de Persano avec la même livrée que ses gardes, il rencontra une pauvre femme appuyée à un arbre et sanglotant.

Il lui adressa le premier la parole et lui demanda ce qu'elle avait.

— J'ai, répondit-elle, que je suis veuve avec sept enfants; que, pour toute fortune, j'ai un petit champ, et que ce petit champ vient d'être ravagé par les chiens et les piqueurs du roi.

Puis, avec un mouvement d'épaules et un redoublement de sanglots :

— Il est bien dur, ajouta-t-elle, d'être les sujets d'un homme qui, pour une heure de plaisir, n'hésite pas à ruiner toute une famille. Je vous demande un peu pourquoi ce butor est venu dévaster mon champ !

— Ce que vous dites là est trop juste, ma bonne femme, répondit Ferdinand; et, comme je suis au service du roi, je lui porterai vos plaintes, en supprimant, toutefois, les injures dont vous les accompagnez.

— Oh! dis-lui ce que tu voudras, continua la femme exaspérée; je n'ai rien à attendre de bon d'un pareil égoïste, et il ne peut pas maintenant me faire plus de mal qu'il ne m'en a fait.

— N'importe, dit le roi, fais-moi toujours voir le champ, afin que je juge s'il est réellement aussi dévasté que tu le dis.

La veuve le conduisit à son champ; la récolte était, en effet, foulée aux pieds des hommes, des chevaux et des chiens, et entièrement perdue.

Alors, apercevant des paysans, le roi les appela et leur dit d'estimer en conscience le dommage que la veuve avait pu éprouver.

Ils l'estimèrent vingt ducats.

Le roi fouilla dans sa poche, il en avait soixante.

— Voilà, dit-il aux deux paysans, vingt ducats que je vous donne pour votre arbitrage; quant aux quarante autres, ils sont pour cette pauvre femme. C'est bien le moins, lorsque les rois font un dégât, qu'ils payent le double de ce que payeraient de simples particuliers.

Un autre jour, une femme dont le mari venait d'être condamné à mort, part d'Aversa sur le conseil de l'avocat qui a défendu le condamné et vient à pied à Naples pour demander la grâce de son mari. C'était chose facile que d'aborder le roi, toujours courant à pied ou à cheval par les rues de Tolède et par la rivière de Chiaïa ; cette fois, malheureusement ou plutôt heureusement pour la suppliante, le roi n'était ni au palais, ni à Chiaïa, ni à Tolède ; il était à Capodimonte ; c'était la saison des becfigues, et son père Charles III, de cynégétique mémoire, avait fait bâtir le château, qui avait coûté plus de douze millions, dans le seul but de se trouver sur le passage de ce petit gibier si estimé des gourmands.

La pauvre femme était écrasée de fatigue, elle venait de faire cinq lieues tout courant. Elle se présenta à la porte du palais royal, et, apprenant que Ferdinand était à Capodimonte, elle demanda au chef du poste la permission d'attendre le roi ; le chef du poste, touché de compassion en voyant ses larmes et en apprenant le sujet qui les faisait couler, lui accorda sa demande. Elle s'assit sur la première marche de l'escalier par lequel le roi devait monter au palais ; mais, quelle que fût la préoccupation qui la tenait, la fatigue devint plus forte que l'inquiétude, et, après avoir, pendant quelques heures, lutté en vain contre le sommeil, elle renversa sa tête contre le mur, ferma les yeux et s'endormit.

Elle dormait à peine depuis un quart d'heure lorsque revint le roi, qui était un admirable tireur, et qui avait été, ce jour-là, plus adroit encore que d'habitude ; il était donc dans une disposition d'esprit des plus bienveillantes, quand il aperçut la bonne femme qui l'attendait. On voulut la réveiller ; mais le roi fit signe qu'on ne la dérangeât point ; il s'approcha d'elle, la regarda avec une curiosité mêlée d'intérêt, et, voyant le bout de sa pétition qui sortait de sa poitrine, il la tira doucement, la lut, et, ayant demandé une plume et de l'encre, il écrivit au bas : *Fortuna e duorme*, ce qui correspond à peu près à notre proverbe : *La fortune vient en dormant*, et signa : FERDINAND B.

Après quoi, il ordonna de ne réveiller la paysanne sous aucun prétexte, défendit qu'on la laissât pénétrer jusqu'à lui, veilla à ce qu'il fût sursis à l'exécution et replaça la pétition à l'endroit où il l'avait prise.

Au bout d'une demi-heure, la solliciteuse ouvrit les yeux, s'informa si le roi était rentré et apprit qu'il venait de passer devant elle, tandis qu'elle dormait.

Sa désolation fut grande ! elle avait manqué l'occasion qu'elle était venue chercher de si loin et avec tant de fatigue ! Elle supplia le chef du poste de lui permettre d'attendre que le roi sortît ; le chef du poste répondit que la chose lui était positivement défendue ; la paysanne, au désespoir, repartit pour Aversa.

Sa première visite, à son retour, fut pour l'avocat qui lui avait donné le conseil d'aller implorer la clémence du roi; elle lui raconta ce qui s'était passé et comment, par sa faute, elle avait laissé échapper une occasion désormais introuvable; l'avocat avait des amis à la cour, il lui dit de rendre la pétition, et qu'il aviserait au moyen de la faire tenir au roi.

La femme remit à l'avocat la pétition demandée; par un mouvement machinal, celui-ci l'ouvrit; mais à peine y eut-il jeté les yeux, qu'il poussa un cri de joie. Dans la situation où l'on se trouvait, le proverbe consolateur écrit et signé de la main du roi équivalait à une grâce, et, en effet, sur les instances de l'avocat, sur la production de l'apostille du roi, et surtout grâce à l'ordre donné directement par le roi, huit jours après, le prisonnier était rendu à la liberté.

Le roi Ferdinand n'était rien moins que difficile dans la recherche de ses amours. En général, peu lui importaient le rang et l'éducation, pourvu que la femme fût jeune et belle; il avait, dans toutes les forêts où il prenait le plaisir de la chasse, de jolies petites maisons composées de quatre ou cinq pièces, très-simplement mais très-proprement meublées; il s'y arrêtait pour y déjeuner, pour y dîner, ou pour y prendre simplement quelques heures de repos. Chacune de ces petites maisons était tenue par une hôtesse, toujours choisie parmi les plus jeunes et les plus belles filles des villages voisins, et, comme il disait un jour au valet de chambre qui avait dans ses attributions celle de veiller à ce que son maître ne retrouvât pas trop souvent les mêmes visages : « Prends garde que la reine ne sache ce qui se passe ici ! » le valet de chambre, qui avait son franc parler, lui répondit :

— Bon ! n'ayez souci, sire : Sa Majesté la reine en fait bien d'autres, et n'y met pas tant de précautions !

— Chut ! répondit le roi, il n'y a point de mal, cela croise les races.

Et, en effet, le roi, voyant que la reine se gênait si peu, avait jugé à propos de ne pas se gêner non plus à son tour, et il avait fini par fonder sa fameuse colonie de San-Leucio, à la tête de laquelle, comme nous l'avons raconté, il avait mis le cardinal Fabrizio Ruffo. Cette colonie compta jusqu'à cinq ou six cents habitants, qui, à la condition que les maris et les pères ne verraient jamais entrer le roi Ferdinand dans leur maison et n'auraient jamais la prétention de se faire ouvrir une porte qui aurait ses raisons de rester fermée, jouissaient de toute sorte de priviléges, comme, par exemple, d'être exempts du service militaire, d'avoir des tribunaux particuliers, de se marier sans avoir besoin de la permission des parents, et enfin d'être dotés directement par le roi quand ils se mariaient. Il en résulta que la population de cette autre Salente, fondée par cet autre Idoménée, devint une espèce de collection de médailles frappées directement par le roi, et où les antiquaires retrouveront encore le type bourbonien, lorsqu'il aura disparu du reste du monde.

D'après toutes les anecdotes que nous venons de raconter, il est facile de voir que le roi Ferdinand, comme l'avait parfaitement découvert son précepteur le prince de San-Nicandro n'était point naturellement cruel; seulement, sa vie, à l'époque où nous sommes arrivés, c'est-à-dire à l'an 1798, pouvait déjà se séparer en deux phases:

Avant la révolution française, — après la révolution française.

Avant la révolution française, c'est l'homme que nous avons vu, c'est-à-dire naïf, spirituel, porté au bien plutôt qu'au mal.

Après la révolution française, c'est l'homme que nous verrons, c'est-à-dire craintif, implacable, défiant, et porté, au contraire, plutôt au mal qu'au bien.

Dans l'espèce de portrait moral que nous venons de tracer un peu longuement peut-être, mais par des faits et non par des paroles, nous avons eu pour but de faire connaître l'étrange personnalité du roi Ferdinand : de l'esprit naturel, pas d'éducation, l'insouciance de toute gloire, l'horreur de tout danger, pas de sensibilité, pas de cœur, la luxure permanente, le parjure établi en principe, la religion du pouvoir royal poussée aussi loin que chez Louis XIV, le cynisme de la vie politique et de la vie privée mis au grand jour par le mépris profond qu'il faisait des grands seigneurs qui l'entouraient, et dans lesquels il ne voyait que des courtisans; du peuple sur lequel il marchait et dans lequel il ne voyait que des esclaves; des instincts inférieurs qui l'attiraient vers les amours grossiers, des amusements physiques qui tendaient à matérialiser incessamment le corps aux dépens de l'esprit, voilà sur quelles données il faut juger l'homme qui monta sur le trône presque aussi jeune que Louis XIV, qui mourut presque aussi vieux que lui, qui régna de 1759 à 1825, c'est-à-dire soixante-six ans, y compris sa minorité; sous les yeux duquel s'accomplit, sans qu'il sût mesurer la hauteur des événements et la profondeur des catastrophes, tout ce qui se fit de grand dans la première moitié du siècle présent et dans la dernière moitié du siècle passé. Napoléon tout entier passa dans son règne; il le vit naître et grandir, décroître et tomber;

né seize ans avant lui, il le vit mourir cinq ans avant lui, et se trouva enfin, sans avoir d'autre valeur que celle d'un simple comparse royal, mêlé comme un des principaux acteurs à ce drame gigantesque qui bouleversa le monde, de Vienne à Lisbonne et du Nil à la Moskova.

Dieu le nomma Ferdinand IV, la Sicile le nomma Ferdinand III, le congrès de Vienne le nomma Ferdinand Ier, les lazzaroni le nommèrent le roi Nasone.

Dieu, la Sicile et le congrès se trompèrent ; un seul de ses trois noms fut vraiment populaire et lui resta c'est celui qui lui fut donné par les lazzaroni.

Chaque peuple a eu son roi qui a résumé l'esprit de la nation : les Écossais ont eu ROBERT BRUCE, les Anglais ont eu HENRI VIII, les Allemands ont eu MAXIMILIEN, les Russes ont eu IVAN LE TERRIBLE, les Polonais ont eu JEAN SOBIESKI, les Espagnols ont eu CHARLES-QUINT, les Français ont eu HENRI IV, les Napolitains ont eu NASONE.

XVIII

LA REINE

Marie-Caroline, archiduchesse d'Autriche, avait quitté Vienne au mois d'avril 1768, pour venir épouser Ferdinand IV à Naples. La fleur impériale entra dans son futur royaume avec le mois du printemps ; elle avait seize ans à peine, étant née en 1752 ; mais, fille chérie de Marie-Thérèse, elle arrivait avec un sens bien supérieur à son âge ; elle était, d'ailleurs, plus qu'instruite, elle était lettrée ; elle était plus qu'intelligente, elle était philosophe ; il est vrai qu'à un moment donné, cet amour de la philosophie se changea en haine contre ceux qui la pratiquaient.

Elle était belle dans la complète acception du mot, et, lorsqu'elle le voulait, charmante ; ses cheveux étaient d'un blond dont l'or transparaissait sous la poudre ; son front était large, car les soucis du trône, de la haine et de la vengeance n'y avaient point encore creusé leurs sillons ; ses yeux pouvaient le disputer en transparence à l'azur du ciel sous lequel elle venait régner ; son nez droit, son menton légèrement accentué, signe de volonté absolue, lui faisaient un profil grec ; elle avait le visage ovale, les lèvres humides et carminées, les dents blanches comme le plus blanc ivoire ; enfin un cou, un sein et des épaules de marbre, dignes des plus belles statues retrouvées à Pompéi et à Herculanum, ou venues à Naples du musée Farnèse, complétaient ce splendide ensemble. Nous avons vu, dans notre premier chapitre, ce qu'elle conservait de cette beauté, trente ans après.

Elle parlait correctement quatre langues : l'allemand d'abord, sa langue maternelle, puis le français, l'espagnol et l'italien ; seulement, en parlant, et surtout quand un sentiment violent l'inspirait, elle avait un léger défaut de prononciation pareil à celui d'une personne qui parlerait avec un caillou dans la bouche ; mais ses yeux brillants et mobiles, mais la netteté de ses pensées surtout avaient bientôt raison de ce léger défaut.

Elle était altière et orgueilleuse comme il convenait à la fille de Marie-Thérèse. Elle aimait le luxe, le commandement, la puissance. Quant aux autres passions qui devaient se développer en elle, elles étaient encore enfermées sous la virginale enveloppe de la fiancée de seize ans.

Elle arrivait avec ses rêves de poésie allemande, dans ce pays inconnu, *où les citrons mûrissent,* comme a dit le poëte germain ; elle venait habiter la contrée heureuse, la *campania felice*, où naquit le Tasse, où mourut Virgile. Ardente de cœur, poétique d'esprit, elle se promettait de cueillir d'une main au Pausilippe le laurier qui poussait sur la tombe du poëte d'Auguste, de l'autre celui qui ombrageait à Sorrente le berceau du chantre de Godefroy. L'époux auquel elle était fiancée avait dix ans ; étant jeune et de grande race, sans doute il était beau, élégant et brave. Serait-il Euryale ou Tancrède, Nisus ou Renaud? Elle était disposée, elle, à devenir Camille ou Herminie, Clorinde ou Didon.

Elle trouva, à la place de sa fantaisie juvénile et de son rêve poétique, l'homme que vous connaissez, avec un gros nez, de grosses mains, de gros pieds, parlant le dialecte du môle avec des gestes de lazzarone.

La première entrevue eut lieu le 12 mai à Portella, sous un pavillon de soie brodé d'or ; la princesse était accompagnée de son frère Léopold, qui était chargé de la remettre aux mains de son époux. Comme Joseph II son frère, Léopold II était nourri de maximes philosophiques ; il voulait introduire force réformes dans ses États, et, en effet, la Toscane se souvient qu'entre autres réformes, la peine de mort fut abolie sous son règne.

De même que Léopold était le parrain de sa sœur, Tanucci était le tuteur du roi. Au premier regard qu'échangèrent la jeune reine et le vieux ministre, ils se déplurent réciproquement. Caroline devina en lui l'ambitieuse médiocrité qui avait enlevé à son époux, en le maintenant dans son ignorance native, tous les moyens d'être un jour un grand roi, ou tout simplement même un roi. Sans doute, elle eût reconnu le génie d'un époux qui lui eût été supérieur, et, dans son admiration pour lui, elle eût probablement été alors reine soumise, épouse fidèle ; il n'en fut point ainsi ; elle reconnut, au contraire, l'infériorité de son époux, et, de même que sa mère avait dit à ses Hongrois : *Je suis le roi Marie-Thérèse*, elle dit aux Napolitains : *Je suis le roi Marie-Caroline.*

Ce n'était point ce que voulait Tanucci ; il ne voulait ni roi ni reine, il voulait être premier ministre.

Par malheur, il y avait, dans les clauses du contrat de mariage des augustes époux, un petit article qui s'était glissé sans que Tanucci, qui ne connaissait point encore la jeune archiduchesse, y eût attaché grande importance : Marie-Caroline avait le droit d'assister aux conseils d'État, du moment qu'elle aurait donné à son époux un héritier de la couronne.

C'était une fenêtre que la cour d'Autriche ouvrait sur celle de Naples. Jusque-là, l'influence — qui, sous Philippe II et Ferdinand VII, était venue de France, — Charles III étant monté sur le trône d'Espagne, venait naturellement de Madrid.

Tanucci comprit que, par cette fenêtre ouverte pour Marie-Caroline, entrait l'influence autrichienne.

Il est vrai qu'ayant donné, cinq ans seulement après son mariage, un héritier à la couronne, Marie-Caroline ne jouit que vers l'année 1774 du privilége qui lui était accordé.

En attendant, aveuglée par des illusions qu'elle s'obstinait à conserver, Marie-Caroline espéra qu'elle pourrait faire une éducation complétement nouvelle à son mari; cela lui parut d'autant plus facile que sa science à elle avait frappé Ferdinand d'étonnement. Après avoir entendu causer Caroline avec Tanucci et les quelques rares personnes instruites de sa cour, il se frappait la tête avec stupéfaction en disant :

— La reine sait tout!

Plus tard, lorsqu'il eut vu où cette science le conduisait et combien elle le faisait dévier de la route qu'il eût voulu suivre, il ajoutait à ces mots : *La reine sait tout!*

— Et cependant elle fait plus de sottises que moi, qui ne suis qu'un âne!

Mais il n'en commença pas moins à subir l'influence

de cet esprit supérieur, et il se soumit aux leçons qu'elle lui proposa : elle lui apprit littéralement, comme nous l'avons déjà dit, à lire et à écrire; mais ce qu'elle ne put lui apprendre, ce furent ces façons élégantes des cours du Nord, ce soin de soi-même, si rare surtout dans les pays chauds, où l'eau devrait être non-seulement un besoin, mais encore un plaisir; cette sympathie féminine pour les fleurs et pour les parfums que la toilette leur demande; ce babillage doux et charmant, enfin, qui semble emprunté moitié au murmure des ruisseaux, moitié au ramage des fauvettes et des rossignols.

La supériorité de Caroline humiliait Ferdinand; la grossièreté de Ferdinand répugnait à Caroline.

Il est vrai que cette supériorité, incontestable aux yeux de son époux, prévenu, pouvait être, à la rigueur, contestée par les gens véritablement instruits, qui ne voyaient dans le bavardage de la reine que le résultat de cette science superficielle qui gagne en étendue ce qu'elle perd en profondeur. Peut-être, en effet, en la jugeant comme elle devait être jugée, eût-on trouvé en elle plus de babil que de raisonnement, et surtout ce pédantisme particulier aux princes de la maison de Lorraine dont étaient si profondément atteints ses frères Joseph et Léopold : Joseph parlant toujours sans jamais laisser à personne le temps de lui répondre ; Léopold, véritable maître d'école, plus fait pour tenir la férule d'Orbélius que le sceptre de Charlemagne.

Ainsi était la reine. Elle avait un petit manuscrit d'écriture très-fine, composé par elle-même à son usage et contenant les opinions des philosophes depuis Pythagore jusqu'à Jean-Jacques Rousseau, et, lorsqu'elle devait recevoir des hommes sur lesquels elle voulait faire une certaine impression, elle repassait son manuscrit, et, selon les circonstances, plaçait dans sa conversation les maximes qu'il contenait.

Ce qu'il y avait de bizarre, c'est que, tout en faisant l'esprit fort, la reine donnait dans toutes les superstitions populaires qui agitaient les classes inférieures de la population de Naples.

Nous citerons deux exemples de cette superstition ; nous avons à peindre dans le livre que nous écrivons non-seulement des rois, des princes, des courtisans, des hommes qui sacrifient leur vie à un principe et des hommes qui sacrifient tous les principes à l'or et aux faveurs, mais encore un peuple mobile, superstitieux, ignorant, féroce : disons donc à l'aide de quels moyens ce peuple est soulevé ou calmé.

Ce qui soulève l'Océan, c'est la tempête ; ce qui soulève le peuple de Naples, c'est la superstition.

Il y avait à Naples une femme que l'on appelait la *sainte des pierres.*

Elle prétendait, sans être aucunement malade, rendre tous les jours une certaine quantité de petites pierres qu'elle distribuait comme des reliques, vu son état de santé, aux fidèles qui avaient foi en elles. Ces pierres, nonobstant le chemin qu'elles avaient suivi pour arriver à la lumière, avaient le privilége de faire des miracles, et, au bout de quelque temps, étaient entrées en concurrence avec les reliques des saints les plus accrédités de Naples.

Cette prétendue sainte, quoique non malade, avait été, sur la demande de son confesseur et de son médecin, transportée au grand hôpital des Pellegrini de Naples, où elle jouissait de la nourriture des directeurs et de la plus belle chambre de l'établissement. Une fois établie dans cette chambre, grâce à la connivence du confesseur et des chirurgiens qui y trouvaient leur compte, elle jouait à grand orchestre la farce de la vente des pierres miraculeuses.

Nous disons à tort *la vente;* non, les pierres ne se vendaient pas, elles se donnaient; mais la sainte, qui avait fait vœu de ne pas toucher d'argent monnayé, acceptait des vêtements, des bijoux, des cadeaux de toute espèce enfin, en toute humilité et pour l'amour du Seigneur.

Ce petit commerce, dans tout autre pays que Naples, eût conduit la prétendue sainte à la police correctionnelle ou aux Petites-Maisons ; à Naples, c'était un miracle de plus, voilà tout.

Eh bien, la reine fut une des plus ardentes adeptes de la *sainte des pierres;* elle lui envoyait des présents et lui écrivait elle-même — la reine était prodigue de son écriture — pour se recommander à ses prières, sur lesquelles elle comptait pour l'accomplissement de ses vœux.

On comprend que, du moment qu'on vit la reine en personne et une reine philosophe, recourir à la sainte, les doutes, s'il en restait, disparurent ou firent semblant de disparaître.

La science seule resta incrédule.

Or, la science, à cette époque, la science médicale voulons-nous dire, était représentée par ce même Dominique Cirillo, que nous avons vu apparaître au palais de la reine Jeanne pendant cette soirée d'orage où l'envoyé de Championnet aborda avec tant de difficulté le rocher sur lequel est bâti le palais ; or, Dominique Cirillo, homme de progrès, qui eût voulu voir sa patrie suivre le mouvement de la terre, auquel elle semblait ne point participer, Dominique Cirillo jugea honteux pour Naples, au moment où éclataient sur le monde les lumières encyclopédiques, d'y laisser jouer cette comédie à peine digne de s'accomplir dans les ténèbres du XIIe ou du XIIIe siècle.

Il commença, en conséquence, par aller trouver le chirurgien qui servait de compère à la sainte et essaya d'obtenir de lui l'aveu de sa fourberie.

Le chirurgien affirma qu'il y avait miracle.

Dominique Cirillo lui offrit, s'il voulait dire la vérité, de l'indemniser personnellement de la perte qu'amènerait pour lui la connaissance de cette vérité.

Le chirurgien persista dans son dire.

Cirillo vit qu'il y avait deux fourbes à démasquer au lieu d'un.

Il se procura plusieurs des pierres rejetées par la sainte, les examina, se convainquit que les unes étaient de simples cailloux ramassés au bord de la mer, les autres de la terre calcaire durcie, les autres, enfin, des pierres ponces; aucune n'était du genre de celles qui peuvent se former dans le corps humain à la suite de la pierre ou de la gravelle.

Le savant, ses pierres en main, fit une nouvelle démarche près du chirurgien; mais celui-ci s'entêta à soutenir sa sainte.

Cirillo comprit qu'il fallait en finir par un grand acte de publicité.

Comme son talent et son autorité dans la science

médicale mettaient en quelque sorte tous les hôpitaux sous sa juridiction, il fit, un beau matin, irruption dans le grand hôpital, suivi de plusieurs médecins et chirurgiens qu'il avait réunis à cet effet, entra dans la chambre de la sainte et visita son produit de la nuit.

Elle avait quatorze pierres à mettre à la disposition des fidèles.

Cirillo la fit enfermer et veiller pendant deux ou trois jours, et elle continua de produire des pierres selon son habitude; seulement, le nombre des pierres variait, mais toutes étaient de la même nature que celle que nous avons dites.

Cirillo recommanda à l'élève qu'il avait mis de garde auprès d'elle de la surveiller avec le plus grand soin : celui-ci remarqua que la sainte tenait habituellement les mains dans ses poches, et, de temps en temps, les portait à sa bouche, comme quelqu'un qui mangerait des pastilles.

L'élève la força de tenir les mains hors de ses poches et l'empêcha de les porter à sa bouche.

La sainte, qui ne voulait pas se trahir en se mettant en opposition ouverte avec son gardien, demanda une prise de tabac, et, en portant les doigts à son nez, porta en même temps la main à sa bouche, et, dans ce mouvement, parvint à avaler trois ou quatre pierres.

Il est vrai que ce furent les dernières : le jeune homme avait surpris l'escamotage; il la saisit par les deux mains, et fit entrer des femmes qui, par son ordre, ou plutôt par celui de Cirillo, déshabillèrent la sainte.

On trouva un sac à l'intérieur de sa chemise; il contenait cinq cent seize petites pierres.

En outre, elle portait au cou un amulette, que, jusque-là, on avait pris pour un reliquaire et qui, de son côté, en contenait environ six cents.

Procès-verbal fut dressé du tout, et Cirillo traduisit la sainte devant le tribunal de police correctionnelle sous prévention d'escroquerie. Le tribunal la condamna à trois mois de prison.

On trouva dans la chambre de la sainte une malle pleine de vaisselle d'argent, de bijoux, de dentelles, d'objets précieux; plusieurs de ces objets et des plus précieux lui venaient de la reine, dont elle produisit les lettres au tribunal.

La reine fut furieuse, et cependant le procès avait eu un tel éclat, qu'elle n'osa tirer cette femme des mains de la justice; mais sa vengeance poursuivit Cirillo, et il dut à cette circonstance les persécutions qu'il avait éprouvées, et qui, de l'homme de science, firent l'homme de révolution.

Quant à la sainte, malgré le procès-verbal de Cirillo, malgré le jugement du tribunal qui la déclarait coupable, Naples ne manqua pas de cœurs pleins de foi qui continuèrent de lui envoyer des présents et de se recommander à ses prières.

Le second exemple de superstition que nous nous sommes engagé à citer de la part de la reine est celui que nous allons raconter.

Il y avait à Naples, vers 1777, c'est-à-dire à l'époque de la naissance de ce même prince François que nous avons vu apparaître sur la galère capitane, arrivé alors à l'âge d'homme et duquel il a été question depuis comme protecteur du cavalier San-Felice, il y avait un frère minime, âgé de quatre-vingts ans, qui était arrivé à se faire une réputation de sainteté, propagée par son couvent, auquel cette réputation était très-profitable; les moines ses collègues avaient répandu le bruit que la calotte que le bonhomme portait habituellement avait reçu du ciel la faculté de faciliter le travail des femmes enceintes, de sorte que de tous côtés on s'arrachait la sainte calotte, que les moines ne laissaient, comme on le pense bien, sortir du couvent qu'à prix d'or. Les femmes qui, à la suite de l'emploi de la calotte, avaient des couches heureuses, le criaient tout haut, et fortifiaient ainsi la réputation de la bienheureuse calotte; celles qui accouchaient difficilement ou même qui mouraient, étaient accusées de n'avoir pas eu la foi, et la calotte ne souffrait pas de l'accident.

Caroline, dans les derniers jours de sa grossesse, prouva qu'elle était femme avant d'être reine et philosophe : elle envoya chercher la calotte en disant que, par chaque jour qu'elle la garderait, elle enverrait cent ducats au couvent.

Elle la garda cinq jours à la grande joie des religieux, mais au grand désespoir des autres femmes en couches, qui étaient obligées de courir toutes les chances de la parturition, sans y être aidées par la bienheureuse relique.

Nous ne pourrions dire si la calotte du minime porta bonheur à la reine; mais, à coup sûr, elle ne porta point bonheur à Naples. Lâche et faux comme prince, François fut faux et cruel comme roi.

Cette manie de faire de la science, qui était commune à Caroline et à ses frères Joseph et Léopold, était telle, que le jeune prince Charles, duc de Pouille, héritier de la couronne, qui était né en 1775, et dont la naissance avait ouvert à sa mère la porte du Conseil d'État, étant tombé malade en 1780, et les plus célèbres médecins ayant été appelés pour lui donner des soins, Caroline, non point avec les angoisses d'une mère, mais avec l'aplomb d'un professeur, se mêlait à toutes les consultations, donnant son avis et cherchant à prendre une influence sur le traitement que l'on faisait suivre à l'enfant.

Ferdinand, qui se contentait d'être père et qui était désolé, il faut lui rendre cette justice, de voir l'héritier présomptif marcher à une mort certaine, ne put, un jour, supporter une froide dissertation de la reine sur les causes de la goutte, tandis que son enfant agonisait de la petite vérole; voyant alors que, malgré les gestes réitérés qui lui imposaient silence, elle continuait de discuter, il se leva et la prit par la main en lui disant :

— Mais ne comprends-tu pas qu'il ne suffit point d'être reine pour savoir la médecine et qu'il faut encore l'avoir apprise? Je ne suis qu'un âne, moi, je le sais; aussi je me contente de me taire et de pleurer. Fais comme moi, ou va-t'en.

Et, comme elle voulait continuer d'exposer sa théorie, il la mit à la porte en la poussant un peu plus violemment qu'elle n'y était habituée, et en pressant sa sortie avec un geste du pied qui appartenait bien plus à un lazzarone qu'à un roi.

Le jeune prince mourut, au grand désespoir de son père; quant à Caroline, elle se contenta, pour toute consolation, de lui répéter les paroles de la Spartiate, que le pauvre roi n'avait jamais entendues et dont il apprécia mal le sublime stoïcisme :

— Lorsque je le mis au monde, je savais qu'il était condamné à mourir un jour.

On comprend que deux individus de caractères si opposés ne pouvaient demeurer en bonne intelligence ; aussi, quoique les mêmes motifs de stérilité n'existassent point entre Ferdinand et Caroline qu'entre Louis XVI et Marie-Antoinette, les commencements de leur union, si prolifique depuis, ne brillent-ils point par leur fécondité.

En effet, en jetant les yeux sur l'arbre généalogique dressé par del Pozzo, je trouve que le premier né du mariage de Ferdinand et de Caroline est la jeune princesse Marie-Thérèse, qui voit le jour en 1772, devient archiduchesse en 1790, impératrice en 1792, et meurt en 1803.

Quatre ans s'étaient donc passés sans que l'union des deux époux portât ses fruits ; il est vrai qu'à partir de ce moment, l'avenir répara les lenteurs du passé : treize princes ou princesses vinrent témoigner que les rapprochements des deux époux étaient presque aussi fréquents que leurs querelles ; il est donc probable que, si un sentiment de répulsion instinctive éloigna d'abord Caroline de son époux, un calcul politique l'en rapprocha bientôt. Une femme jeune, belle, ardente comme était la reine, avait, du moment qu'elle eut bien étudié le tempérament de son époux, toujours à sa disposition un moyen de l'amener à faire ce qu'elle voulait. En effet, Ferdinand n'avait jamais rien su refuser à une maîtresse, à plus forte raison à sa femme — et quelle femme! — Marie-Caroline d'Autriche, c'est-à-dire une des femmes les plus séduisantes qui aient jamais existé.

Ce qui avait surtout contribué d'abord à éloigner cette nature fine et sensitive de cette autre nature sensuelle et vulgaire, c'était le côté lazzarone de Ferdinand. Ainsi, par exemple, chaque fois que le roi allait entendre l'opéra à San-Carlo, il se faisait apporter dans sa loge un souper. Ce souper, plus substantiel que délicat, eût été incomplet sans le plat de macaroni national; mais c'était moins le macaroni en lui-même qu'appréciait le roi que le triomphe populaire qu'il tirait de sa manière de le manger. Les lazzaroni ont, dans l'inglutition de ce plat, une adresse manuelle toute particulière qu'ils doivent au mépris qu'ils font de la fourchette; or, Ferdinand, qui en toute chose ambitionnait d'être le roi des lazzaroni, ne manquait jamais de prendre son plat sur la table, de s'avancer sur le devant de la loge, et, au milieu des applaudissements du parterre, de manger son macaroni à la manière de Polichinelle, le patron des mangeurs de macaroni.

Un jour qu'il s'était livré à cet exercice en présence

de la reine et qu'il avait été couvert d'applaudissements, la reine n'y put tenir, elle se leva et sortit en faisant signe à ses deux femmes, la San-Marco et la San-Clemente, de la suivre.

Lorsque le roi se retourna, il trouva la loge vide.

Et cependant, l'histoire consacre un plaisir de ce genre partagé par Caroline; mais alors la reine était amoureuse de son premier amour et aussi timide à cette époque qu'elle fut depuis impudente; elle avait trouvé, dans la mascarade à visage découvert que nous allons raconter, un moyen de se rapprocher de ce beau prince Caramanico que nous avons vu mourir si prématurément à Palerme.

Le roi avait formé un régiment de soldats qu'il prenait plaisir à faire manœuvrer et qu'il appelait ses Liparotis, parce que ceux qui le composaient étaient presque tous tirés des îles Lipariotes.

Nous avons dit plus haut que Caramanico était capitaine dans ce régiment, dont le roi était colonel.

Un jour, le roi ordonna une grande revue de son régiment privilégié dans la plaine de Portici, au pied de ce Vésuve, éternelle menace de destruction et de mort. On dressa des tentes magnifiques sous lesquelles on transporta du château royal des vins de tous les pays, des comestibles de toutes les espèces.

Une de ces tentes était occupée par le roi en habit

d'hôtelier, c'est-à-dire vêtu d'une jaquette et d'une culotte de toile blanche, la tête ornée du bonnet de coton traditionnel, et les flancs serrés par une ceinture de soie rouge dans laquelle était passé, au lieu de l'épée avec laquelle Vatel se coupa la gorge, un immense couteau de cuisine.

Jamais le roi ne s'était senti si fort à son aise que sous ce costume; il eût voulu pouvoir le garder toute sa vie.

Dix ou douze garçons d'auberge, vêtus comme lui, se tenaient prêts à obéir aux ordres du maître et à servir officiers et soldats.

C'étaient les premiers seigneurs de la cour, l'aristocratie du Livre d'or de Naples.

L'autre tente était occupée par la reine, vêtue, en hôtesse d'opéra-comique, d'une jupe de soie bleu de ciel, d'un casaquin noir brodé d'or, d'un tablier cerise brodé d'argent; elle avait une parure complète de corail rose, collier, boucles d'oreilles, bracelets; le sein et les bras à moitié nus, et ses cheveux, sans poudre, c'est-à-dire dans toute leur luxuriante abondance et avec l'éclat d'une gerbe dorée, étaient retenus, comme une cascade prête à rompre sa digue, par une résille d'azur.

Une douzaine de jeunes femmes de la cour, vêtues de leur côté en cameristes de théâtre, avec toute l'élégance et les raffinements de coquetterie qui pouvaient faire ressortir les avantages naturels de chacune d'elles, lui faisait un escadron volant qui n'avait rien à envier à celui de la reine Catherine de Médicis.

Mais, nous l'avons dit, au milieu de cette mascarade à visage découvert, l'amour seul avait un masque. En allant et venant entre les tables, Caroline effleurait de sa robe, laissant voir le bas d'une jambe adorable, l'uniforme d'un jeune capitaine qui n'avait de regards que pour elle et qui ramassait et pressait sur son cœur le bouquet qu'elle laissait tomber de sa poitrine en lui versant à boire. Hélas! un de ces deux cœurs qui battaient si ardemment au souffle du même amour s'était déjà éteint; l'autre battait encore, mais au désir de la vengeance, aux espérances de la haine.

Quelque chose de pareil se passait dix ans plus tard au Petit-Trianon, et une comédie pareille, à laquelle ne se mêlait point, il est vrai, une soldatesque grossière, se jouait entre le roi et la reine de France. Le roi était le meunier, la reine la meunière, et le garçon meunier, qu'il s'appelât Dillon ou Coigny, ne le cédait en rien en élégance, en beauté et même en noblesse au prince Caramanico.

Quoi qu'il en soit, le tempérament ardent du roi

s'accommodait mal des caprices conjugaux de Caroline, et il offrait à d'autres femmes cet amour que la sienne méprisait ; mais Ferdinand était d'une telle faiblesse avec la reine, qu'à certaines heures il ne savait pas même garder le secret des infidélités qu'il lui faisait ; alors, non point par jalousie, mais pour qu'une rivale ne lui ravît pas cette influence à laquelle elle aspirait, la reine feignait un sentiment qu'elle n'éprouvait point, et finissait par faire exiler celle dont son mari lui avait livré le nom. C'est ce qui arriva à la duchesse de Luciano, que le roi lui-même avait dénoncée à sa femme, et que celle-ci fit reléguer dans ses terres. Indignée de la faiblesse de son royal amant, la duchesse s'habilla en homme, vint se poster sur le passage du roi et l'accabla de reproches. Le roi reconnut ses torts, tomba aux genoux de la duchesse, lui demanda mille fois pardon ; mais elle n'en fut pas moins forcée de quitter la cour, d'abandonner Naples, de se retirer dans ses terres enfin, d'où le roi n'osa la rappeler qu'au bout de sept ans !

Une conduite contraire valut une punition semblable à la duchesse de Cassano-Serra. Vainement le roi lui avait fait une cour assidue, elle avait obstinément résisté. Le roi, aussi indiscret dans ses revers que dans ses triomphes, avoua à la reine d'où venait sa mauvaise humeur ; Caroline, pour laquelle une trop grande vertu était un reproche vivant, fit exiler la duchesse de Cassano-Serra pour sa résistance comme elle avait fait exiler la duchesse de Luciano pour sa faiblesse.

Cette fois encore, le roi la laissa faire.

Il est vrai que parfois aussi la patience échappait au roi.

Un jour, la reine, n'ayant point par hasard à s'en prendre à une favorite, s'en prit à un favori : c'était le duc d'Altavilla, contre lequel elle croyait avoir quelque motif de plainte ; or, comme dans ses emportements, cessant d'être maîtresse d'elle-même, la reine ne ménageait point ses injures, elle s'oublia jusqu'à dire au duc qu'il achetait la faveur du roi par des complaisances indignes d'un galant homme.

Le duc d'Altavilla, blessé dans sa dignité, alla aussitôt trouver le roi, lui raconta ce qui venait d'arriver, et lui demanda la permission de se retirer dans ses terres. Le roi, furieux, passa à l'instant même chez la reine, et, comme, au lieu de l'apaiser, elle l'irritait encore par des réponses acerbes, il lui envoya, toute fille de Marie-Thérèse qu'elle était, et tout roi Ferdinand qu'il était lui-même, un soufflet qui, parti de la main d'un crocheteur, n'eût pas mieux résonné sur la joue de la fille d'une porte faix.

La reine se retira chez elle, se renferma dans ses

appartements, bouda, cria, pleura; mais, cette fois, Ferdinand tint bon, ce fut elle qui dut revenir la première, et force lui fut de demander au duc d'Altavilla lui-même de la remettre bien avec son royal époux.

Nous avons dit quel effet avait produit sur Ferdinand la révolution française; on comprend — les caractères si opposés des deux souverains étant connus — que cet effet fut bien autrement terrible sur Caroline.

Chez Ferdinand, ce fut un sentiment tout égoïste, un retour sur sa propre situation, une assez grande indifférence sur le sort de Louis XVI et de Marie-Antoinette, qu'il ne connaissait pas, mais la terreur d'un sort semblable pour lui-même.

Chez Caroline, ce fut tout à la fois l'affection de famille frappée au cœur. Cette femme, qui voyait mourir d'un œil sec son enfant, adorait sa mère, ses frères, sa sœur, l'Autriche enfin, à laquelle elle sacrifia éternellement Naples. Ce fut l'orgueil royal, mortellement blessé, moins encore par la mort que par l'ignominie de cette mort; ce fut la haine la plus ardente, éveillée contre cet odieux peuple français, qui osait traiter ainsi non-seulement les rois, mais encore la royauté, qui amenèrent sur les lèvres de cette femme un serment de vengeance contre la

France, non moins implacable que celui qui sortit contre Rome des lèvres du jeune Annibal.

En effet, en apprenant successivement, et à huit mois de distance, les nouvelles de la mort de Louis XVI et de Marie-Antoinette, Caroline devint presque folle de rage. Les différentes impressions de terreur et de colère qui agitaient son âme avaient altéré sa physionomie et bouleversé le fil de ses idées ; elle voyait partout des Mirabeau, des Danton, des Robespierre ; on ne pouvait lui parler de l'amour et de la fidélité de ses sujets sans risquer de tomber dans sa disgrâce. Sa haine pour la France lui faisait voir dans ses propres États un parti républicain qui était loin d'y exister, mais qu'elle finit par y créer à force de persécutions ; elle donnait le nom de jacobin à tout homme dont la distinction et la valeur personnelles dépassaient la mesure ordinaire, à tout imprudent lisant une gazette parisienne, à tout dandy imitant les modes françaises, et particulièrement à ceux qui portaient les cheveux courts ; des aspirations pures et simples dans un progrès social furent taxées de crimes que la mort ou une prison perpétuelle pouvaient seules expier. Après que ses soupçons eurent été chercher, dans le Mezzo-Ceto, Emmanuele de Deo, Vitagliano et Cagliani, trois enfants ayant à peine soixante-cinq ans à eux trois, et qui furent cruellement exécutés sur la place du Château, les Pagano, les Conforti, les Cirillo furent emprisonnés; seulement, cette première fois, les soupçons de la reine montèrent jusqu'à la plus haute aristocratie : un prince Colonna, un Caracciolo, un Riario, enfin ce comte de Ruvo que nous avons vu figurer avec Cirillo au nombre des conspirateurs du palais de la reine Jeanne, furent arrêtés sans aucun motif, conduits au château Saint-Elme et recommandés au geôlier comme les conspirateurs les plus dangereux.

Le roi et la reine, si mal d'accord d'habitude en toute chose, s'accordèrent cependant à partir de ce moment sur un point, leur haine contre les Français; seulement, la haine du roi était indolente et se fût contentée de les tenir éloignés de lui, tandis que la haine de Caroline était active et qu'à cette haine, à laquelle leur éloignement ne suffisait point, il fallait leur destruction.

Le caractère altier de Caroline avait depuis longtemps courbé sous sa volonté le caractère insoucieux de Ferdinand, qui, ainsi que nous l'avons dit, se révoltait parfois par boutades, quand son bon sens naturel lui indiquait qu'on le faisait dévier du droit chemin; mais, avec du temps, de la patience et de l'obstination, la reine en arrivait toujours au but qu'elle se proposait.

C'est ainsi que, dans l'espoir de prendre part à quelque coalition contre la France, et même de lui faire une guerre personnelle, elle avait, par l'intermédiaire d'Acton, levé et organisé, presque à l'insu de son mari, une armée de 70,000 hommes, construit une flotte de cent bâtiments de toute grandeur, réuni un matériel considérable, et pris toutes les dispositions enfin pour que, du jour au lendemain, sur un ordre du roi, la guerre pût commencer.

Elle avait été plus loin : appréciant l'impuissance des généraux napolitains, qui n'avaient jamais commandé une armée en campagne, comprenant le peu de confiance qu'auraient en eux des soldats qui connaitraient comme elle leur incapacité, elle avait demandé à son neveu l'empereur d'Autriche, un de ses généraux qui passait pour le premier stratégiste de l'époque, quoiqu'il ne fût encore célèbre que par ses échecs, le baron Mack; l'empereur s'était empressé de le lui accorder, et l'on attendait de moment en moment l'arrivée de cet important personnage, arrivée dont la reine et Acton devaient être seuls prévenus et que le roi ignorait complétement.

Ce fut sur ces entrefaites qu'Acton, se sentant maitre de la situation et ne connaissant au monde qu'un seul homme qui pût le renverser et se mettre à sa place, se décida à se débarasser de cet homme, dont l'éloignement ne lui suffisait plus.

Un jour, on apprit à Naples que le prince Caramanico, vice-roi de Sicile, était malade, le lendemain qu'il était mourant, le surlendemain qu'il était mort.

Dans aucun cœur peut-être cette mort ne causa un ébranlement si terrible que dans celui de Caroline; cet amour, le premier de tous, y avait grandi par l'absence et ne pouvait en être déraciné que par la mort. Pas une des fibres dont il s'était emparé ne fut épargnée dans ce douloureux déchirement, et l'angoisse fut d'autant plus grande, qu'elle dut la cacher aux regards curieux qui l'enveloppaient ; elle feignit une indisposition, s'enferma dans la chambre la plus reculée de son appartement, et, là, se roulant sur ses tapis, les ongles enfoncés dans ses cheveux, la figure inondée de larmes, avec des rugissements de panthère blessée, elle blasphéma le ciel, maudit le roi, maudit sa couronne, maudit cette amant qu'elle n'aimait pas et qui lui tuait le seul amant qu'elle eût aimé, se maudit elle-même, et, par dessus tout, maudit ce peuple qui, chantant cette mort dans les rues, l'accusait d'avoir fait ce sacrifice humain à son complice Acton; enfin se promit de reverser sur la France et sur les Français tout ce fiel extravasé au fond de son cœur.

Pendant cette agonie, une seule personne, confidente de tous ses secrets, et qu'elle allait associer à sa haine, put pénétrer jusqu'à elle : ce fut sa favorite Emma Lyonna.

Les deux années qui s'étaient écoulées depuis cette mort, la plus grande douleur peut-être de toute la vie de Caroline, avaient pu épaissir le masque d'impassibilité qu'elle portait sur son visage, mais n'avaient en rien cicatrisé les blessures qui saignaient en dedans.

Il est vrai que l'éloignement de Bonaparte séquestré en Egypte, l'arrivée à Naples du vainqueur d'Aboukir avec toute sa flotte, la certitude que, par cette Circé nommée Emma Lyonna, elle ferait de Nelson l'allié de sa haine et le complice de sa vengeance, lui avaient donné une de ces joies amères, les seules qu'il soit permis de connaître aux cœurs en deuil, aux âmes désespérées.

Dans cette situation d'esprit, la scène qui s'était passée la veille au soir au palais de l'ambassade d'Angleterre, c'est-à-dire les menaces de l'ambassadeur français et sa déclaration de guerre, loin d'avoir effrayé notre implacable ennemie, avaient, au contraire, résonné à son oreille comme le tintement du bronze sonnant l'heure si longtemps et si impatiemment attendue.

Il n'en était pas de même du roi, sur lequel cette scène avait produit une très-facheuse impression et auquel elle avait fait passer une fort mauvaise nuit.

Aussi, en rentrant dans son appartement, avait-il commandé qu'on lui préparât le lendemain, pour se distraire, une chasse au sanglier dans les bois d'Asproni.

FIN DU TOME PREMIER

TABLE

Avant-propos.......................................	1
I. — La galère capitane...................	23
II. — Le héros du Nil....................	37
III. — Le passé de lady Hamilton.............	52
IV. — La fête de la peur.....................	72
V. — Le palais de la reine Jeanne............	94
VI. — L'envoyé de Rome.....................	110
VII. — Le fils de la morte...................	127
VIII. — Le droit d'asile......................	140
IX. — La sorcière........................	152
X. — L'horoscope.......................	165
XI. — Le général Championnet..............	179
XII. — Le baiser d'un mari................	194
XIII. — Le chevalier San-Felice..............	208
XIV. — Luisa Molina......................	223
XV. — Le père et la fille...................	236
XVI. — Une année d'épreuve................	251
XVII. — Le roi...........................	267
XVIII. — La reine..........................	291

FIN DE LA TABLE DU TOME PREMIER

www.ingramcontent.com/pod-product-compliance
Lightning Source LLC
Chambersburg PA
CBHW060408170426
43199CB00013B/2059